唐鳳

唐鳳 口述　黃亞琪 主筆

15個關鍵詞

Audrey Tang

目 次

第三部 自我主張

第四部 生活態度

〈序章〉

從零轉移的唐鳳

翻啟扉頁，是我們對唐鳳的「理解」，也是解惑唐鳳的起點。

第一印象

八次對話下來，她脫口而出、朗朗上口的經典和記憶力，是唐鳳給我的第一印象；而一次次對話的累積也開啟了一段對她的理解和共創的「旅程」。當我們滿懷問題最後好奇問道：「面對諸多紛雜，妳總是從容以對，怎麼做到的？」唐鳳以她一貫不疾不徐的說話方式，慢慢地用禪宗的兩句話來表達。

「所謂的『韌性』（resilience）並不是不起波瀾。」她闡釋：「這分成兩種程度，臥輪禪師說：『對境心不起，菩提日日長』，但六祖慧能回應說：『對境心數起，菩提作麼長』，是指碰到新情況心裡會出現很多反應，了解這些情境不免情緒波動，但不會往上加，就如同船在海上遇到波浪會擺盪，但有承載力，也就是有『韌性』，在遇到波瀾時依舊具備前後一致的思維理路，而這些波瀾並非是來打擾你的東西。」

她所要表達的是，一件事要說明就要講得很清楚，不管用什麼方式。這件事情在她腦裡當然「對境心數起」，自然會出現反應，但不起反應並非她的目的，而是面對這樣的反應，卻不會過激，因為沒有被打擾到。就好比她喜歡的一首歌〈鹿港小鎮〉，唐鳳還曾在一次訪談結尾時清唱了起來。她解釋，整首歌的意境是激烈的，可是為了要烘托出最後兩句：「子子孫孫永保佑，世世代代傳香火」，闡述著一個幾乎是剛有文字的文化，鋪陳到底的「子子孫孫永保佑」指出整個文明的長度，這個前後是有脈絡的。

唐鳳的意思並非遇到事情心裡不起波瀾，而是起波瀾的本身就是一個完整脈絡中的部分，那個起伏有它的縱深。也因為如此，每當我們問及，什麼時候會感到不安、有危機感、悲傷或孤獨，是否在意批評或社會輿論等問題時，她的回答總是「千篇一律」，但也可見和符合她原則與內外的表裡一致：「會，但通常一到兩分鐘就過了。」從此也能發現她面對事情淡然且淡定的姿態與思維。

載體的概念

在八次訪談中有三次，唐鳳都提到「載體」這個字眼。她說：「我不過是思想的載體。」她表示，這個概念源於道家。自幼就讀《道德經》的唐鳳對我們分享她的理解：「按照老子的講法，只有在不特別覺得自己貴重的情況下所自然生長的樹木，用自己的方式擴展，才能夠承載這個世界。」

所以，她認為，在「遐想」（reverie）的狀態下自然能成為一個載體，而這個歷程是永續的，也就是：「為學日益，為道日損」。

用唐鳳的話解釋，在她十二歲以前，因為心臟問題，每天睡著後可能不再醒來，由於當時年紀小，醫師表示如果沒長大到可以開心臟手術的年齡，她的生命或許就無法延續，生死機率各一半。對她來說，這種生一半、死一半的「判決」是兒時清晰的記憶。

十二歲前，她認為自己累積再多的學問也是沒有意義的，因為一切有可能就跟著她的死亡一起消逝。等到十二歲開刀治癒後，越過了死亡關卡，年紀雖小而她有了起心動念，也促使她每天睡著之前要將自己腦裡的東西或新靈感分享出去的行動，即使有一天真的醒不來了也沒關係。這就是她認知的「為道日損」，「日益」馬上就漏光了。看到「漏光」不要認為是消極的，反而是唐鳳每天都在貢獻所學。

以簡單的視角看無常世界

先天的疾病加上後天思想的灌注，唐鳳認為，「每天都在死！每天晚上都死一次。」（詳見〈死亡〉篇）而唐鳳最為人熱道的就是她經常掛在嘴邊的「口號」：「每天睡足八小時！」這聽起來真的很接地氣，因為睡好、睡足，不管從人的生理、心理或精神來看都是飽足的，狀態當然比較好。

也因為對唐鳳來說，睡著如同死去，在醒著能思考並有所貢獻時，她能夠不帶判斷地選每一邊站（take all the sides），徹底了解每一邊的想法，最後形成共同價值。當然，每天蜂擁而至各種不同的人與事，有的最後能聚焦，有的可能暫時看不出來，但她認為只要不輕易下判斷，最後總可以找到共同凝聚的想法。

「就是無常心，以百姓之心為心。」正因為昔日曾每天在鬼門關前徘徊的經歷，早擁抱不知哪天是終點的豁達，而今日進入公部門當「公僕的公僕」的她，搭起民眾與政府之間的橋樑，唐鳳不是滿口大道裡，而是張大耳朵傾聽各方想法。「《道德經》中有『聖人皆孩之』，好像小孩一樣去面對其他人，就是不帶預設那種感覺，不然應該說『聖人皆父之』或『聖人皆母之』。」當大家習以為常形容唐鳳是個天才時，不如說她用最樸實、簡單的視角觀看著這個無常的世界。

從老子到AI，從AI到詩

從經典跳到當代科技，談到正夯的人工智慧（AI），自幼即「拜網際網路為師」、參與開放原始碼社群的唐鳳緩緩道來，她認為，人工智慧不會取代人生智慧，一個人的人生智慧不是人工智慧一下子就可以代表的。有意思的是，唐鳳還說，儲存智慧成本最小的就是詩，因為能用最短的篇幅將人生智慧表達清楚。「為什麼說『詩』是一種藝術？因為交換到的不只是對方知識上的理解，還有感受的深度，生命經驗的結晶和濃縮。其實寫詩本身，就是一個人的修行。」理性和感性交融的火花，在這句話裡一覽無遺。

她進一步解釋，「如果只是機械性的操作，AI做的比較好。重點是，藝術後面有一個想法，藝術家是不能講線性比較的，每個藝術家有自己的一個世界。這個情況下，也就沒有取不取代的問題。」

「生活中可以為自己留一些餘韻或者場域，像利用VR（虛擬實境）可以做到即時互動，因為看文字不是第一手經驗，無法在腦中還原，未來硬體設備會更便宜、更普及。」唐鳳就像說故事一樣娓娓道來，分享科技帶來的各種體驗，「在ＶＲ裡可以不受任何材料限制完全憑空建造，例如我們用手勢或一些訊息比劃，這些軌跡記錄下來就變成一個雕塑。你能用各種不同角度檢視這個作品，過程是純自然、不用學習的。跨出去參與的第一步，對於你的鑑賞力已經有很大幫助了。」

虛擬實境是增幅

「我不會去純虛擬或完全空想的地方，就好像我不太用觸控式螢幕的道理一樣，希望自己使用ＶＲ經驗的過程可以『增幅』（empower）整體認識，而不僅只是加入而已。」唐鳳每一刻都在想著「增幅」這件事。

她第一次使用ＶＲ的時間點是在二〇一六年一月十五日，那天同溫層正為到韓國發展的偶像周子瑜道歉新聞影片沸騰時，她則是拿著手機、用Gear VR，從國際太空站、銀河的角度環視宇宙和地球，約一個小時的時間。

「我就好像在太空站看著一艘藍色圓形的太空船，當時的我真實體驗和感覺到在我眼前的地球，很美但是很脆弱，就好像野柳的女王頭。從太空站看地球，感覺很小，但眼前這個小物，可以說是承載著至今為止的全部文明與意義，好像我們所說的『另類搖籃』，但文明還沒走出這個搖籃，所以覺得特別脆弱……」唐鳳將科技化為詩意，體現著她悲天憫人的胸懷。

她是理性又是感性的，她博覽群書又接地氣，她活在當刻卻已經想到下一代的未來，她參與開放原始碼的世界卻走入公部門，她可以想得更自在一點但為了未來的人們，她選擇站出來；我們在好奇中解惑，也一步步走進她的脈絡之中。

認識她的多面性，透過唐鳳至今四十不惑的三個關鍵時間點，聽聽她的選擇與自我型塑歷程，以及她所追求的自由。

聽聽唐鳳怎麼說

時間點一：一九九二年脫離主流學習體制，開始自學之旅

成為政務委員之前感覺到最自由、開心的時刻，就是當年讀北政國中時，杜惠平校長對我說：「你明天不用來學校了，教育局那邊我幫你處理。」那是一種完全解放的感覺，因為從那一刻開始，我的身分就不再是一個「中二」學生，而是網路上的貢獻者，對於這個身分我感到很開心。

在那之前，我只有下課後可以貢獻（所學），上學時必須跟著學校的節奏走，等於一天醒著的十六小時是被課堂學習所卡住，只剩下一半時間分享。杜惠平校長這樣一說，也等於我可以將日常全部時間都拿來貢獻所學，雖然說也有加倍的風險！

時間點二：二〇〇八年金融海嘯，再次「開除主流」，投入公共利益領域

二〇〇八金融海嘯的時候，我出現了工作倦怠。當時的我覺得一直在幫金融機器繼續潤滑、上油，那對於我的時間利用來說，似乎不是最有效率的。那時的我，大概出社會也有十二、十三年左右，如果換算成一般人的生活時間，差不多也接近中年了。

生理上的倦怠還好！金融海嘯時，全世界都有類似反思，就是新自由主義全球化不斷上油，造成社會或環境的負面影響已經是不可否認的事實，就算這個模式倒塌了也不會有新的東西長出來，就好像在幫一個空殼擦脂抹粉。當時非常多人都有類似想法，不是只有我而已。

比較多是意義上的倦怠。當時我的工作，包含能讓一家銀行不花十天，印製出所有訂戶的催繳單，很有效率！從技術上講，每個都算是很具挑戰性的題目，因為要大量印製還不能出錯，同時處理中文名字或難字等等，但實際上除了經濟

價值，除此以外的利益、意義或公共目標呢？這三個底線好像都沒有。我上班的時候完全沒有為社會或環境創造效益，而是我下班才能做這些事情，當時的感覺就像馬克思說的「異化」！自己變成工具人一樣的感覺。

當時我參與很多還是開放原始碼的工作，大家一起共創的狀態還在，但最大差別在於二〇〇七年或以前，至少純新資本主義到最後貧窮問題會自然解決，但是二〇〇八年之後，其實完全沒有社會價值，或者是產生負面情況，這就很難說服我自己了。

於是我開始去找有沒有什麼更有意義的事情？確實有些人中年危機後就跑去做志工，我是從那時候開始考慮從事公共利益高過經濟效益獲得的工作。

時間點三：二〇一四年底來到現在的辦公室，「轉身」踏入公部門

到了二〇一四年，我在Socialtext公司已經六年了！蘋果電腦（APPLE）需要

我寫程式的部分差不多都完成，很多工作已經交接給年輕朋友們，當時就是顧問身分。絕大部分的時間是自由的，所以才會思考，我花更多時間來做「萌典」這些工作。

有一個很重要的時間點，就是我第一次到這個辦公室（唐鳳目前在行政院辦公地點），二〇一四年底。當時這是政務委員蔡玉玲的辦公室，她不是以政務委員而是以個人的身分邀請我們來，將我們這群年紀比她小的一輩視為如導師般請益討論，零時政府黑客松等題目就是在這裡談出來的。這是第一次民間社會部門作為一個議題設定者、類似政務委員閣員層級的導師角色在公部門出現。

跟國策顧問有什麼不一樣？國策顧問是特定的人，而我們像是一盤散沙、不特定的社群，除了共享主題標籤，還有食物外，沒有什麼其他共享的東西！所以那是台灣第一次出現多中心化網路治理概念，跟過去由政府設定議題是相反的。

只要你有好的想法，有壞的想法也沒關係，就有議程設定權。我覺得那一刻就是「vTaiwan」這個概念。從gov到g0v，零的轉移。

時間點X：現在，遇上新冠疫情風暴

二〇二〇年整年每一天，確實，我有很多時間都是花在與各國朋友視訊，也了解其他國家身處疫情風暴之中。其他國家為什麼要花這麼多時間跟我或者台灣團隊討論，就是希望從我們這裡獲得一些力量與作法。因為如此，總會想到其他國家或別的地區生活的人過得並不好，這種悲欣交集的狀態，每天都在我的思考脈絡中交替發生著。

入閣四年有一個蠻大變化，就是以前沒有想到我會在一天之內有點像環遊世界一樣，與五到六個或者更多時區、文化交流。現在常常一醒來，可能先是美東的活動，接著日本、澳洲、印度、德國，等到台灣這邊要睡覺時，又是美西或美東的活動。過去頂多三個時區就蠻多了，以前在做開放原始碼開發時也是二十四小時進行，可是大家處在同一個文化下，也就是我們所謂的黑客文化彼此互相協作。但是，現在分享的是防制假訊息危害或是怎樣防疫等議題，每個文化下的管轄領域都不一樣。而我不能要求大家來配合黑客文化，而是我要拿出從黑客文化所學到的一些事情，轉譯成這六、七個不同文化、時區的人聽得懂的語言，彼此能夠互動，這是蠻大的一個變化。

要調整這樣的變化跟互動，我還是以「選每一邊站」的概念行動。先認同一些「code of conduct」（行為準則）有共同的價值，但在國際政治運作上這一套未必能行，大家都想當規則設定者，因此真的要選每一邊站就要先了解各方時區、國家的歷史脈絡與文化，所導致其在國際舞台上呈現的主張，所以在知識、歷史或人文上，我需要比較多一點準備的時間。也因為時刻都有活動或會議，每天生活作息反而非常規律，相較過去程式沒寫完難免會熬夜，現在一早就有行程，所以大概十一點睡到七點，或十點半到六點半。

我常常說：「缺口就是光的入口！」任何事情時刻都在變化中，現在看起來很完美的，到了下一個階段未必會如此。重點不是當下完美的程度，而是你能夠在這個變異、變動當中，清楚地讓光透進來多少……

如果你問我「解惑」唐鳳這段旅程的體驗，我會說，請翻開下一頁，一同啟程！

第一部／價值底蘊

關鍵詞1：透明性

「老大哥在看著你。」（Big Brother is watching you.）這句話出自喬治・歐威爾（George Orwell）的《一九八四》，象徵國家透過「電螢」（telescreen）監控人民的行動、言論與思想，並對人民洗腦。但想不到的是，出版後大半世紀的今天，經由一條網路線，我們不僅能博覽群書，如果我們願意，更能將自己所言所行展現在眾人之前。

簡單來說，「透明性」（transparence）就是將資訊內容呈現在眾人面前，讓參與者得以觀看，每人提出想法討論，進而共創或再創。這種透明鬆綁了思想的禁錮，讓想像力獲得張馳的力量。

從透明、參與、對話到改變

二〇二〇，是個數字，也是個年份，對全球各地的人而言，它是難忘又特殊的一年。一株突如其來的新冠病毒（COVID-19），讓忙碌不堪的世界被迫按下了暫停鍵，許多大都市裡原本人滿為患的街道，瞬間只剩下杳無人煙、飄散無形的空氣。

在病毒戰役的上半場，台灣政府快速因應防堵，背後的邏輯與成效，受到日本、法國、美國等各國的關注，迎來諸多國際媒體的報導，讓僅擁有二千三百萬多人口的福爾摩沙小島成了矚目焦點，也將台灣史上最年輕的數位政務委員唐鳳推上風口浪尖。

頓時，無處不「唐鳳」。從整體或個人來說，背後的支撐點，正是奠基於資訊透明性而來。

透明性這張門票啟動了改變，也促使「參與者」成為「貢獻者」。

因為，透明，才會參與；參與，是為了能夠對話；對話，才能在同一脈絡下思考，儘管有雜訊，但能一起推動改變。

唐鳳因自小對抗教育體制、年少創業，頻上媒體，對於如今「無處不唐鳳」的現象，她直言，自己已放棄了著作財產權、肖像權、人格權，即是希望基於透明公開讓更多人了解、參與，進而眾人共造，碰撞出創新的火花。

可以說，唐鳳將自己「捐」給了社會。她的肖像被製成公仔和宣傳海報；她的訪談內容成為嘻哈音樂的歌詞，以及高雄音樂祭「大港開唱」的創作；她釋出的形象照片轉為各式各樣的哏照；甚至還傳說她會「控制腦波」或稱「腦控」。五花八門的「唐鳳之舉」顯露於眾人之前，幾乎沒有一個政治人物可比擬。

怎麼實踐？如何身體力行？

我們從行政院大門進入前棟大樓，第一個交叉口右轉到底，正是唐鳳的辦公室。迥異於傳統訪談方式，一開始就架好錄影與錄音設備，對話完全公開於大眾面前。訪談影音一上線，不用等到書籍印刷出版、上架，立即能免費取得第一手內容。唐鳳身體力行口中所謂的「透明性」。

法國存在主義哲學家沙特（Jean-Paul Sartre）在上個世紀即指陳出透明性的社會意義：「我也不是所有問題都會向碰到的人發表見解，但我努力做到盡可能地透明。只有做到襟懷坦蕩，才能為自己照亮陰暗區域。〔……〕人們不會把什麼都說出來，但我死以後，也可能在你死後，人們會談論你我更多的事物，這也將帶來一個巨大變革。」

當下資訊透明可產生社會協調行動，對於未來則可創造更多可能性。透過網路世界的透明性，參與者如同實體社會中參與社會運動的公民，湧現一股無形的力量，改變整體系統的遊戲規則。經過自由的辯證，在辯證中不斷修正，滾動形成良善的正面改變，讓系統與個人愈來愈好，如同一場沒有煙硝味的進化過程。

誠如唐鳳喜愛的詩人萊昂納德．科恩（Leonard Cohen）所說：「萬物皆有裂痕，那是光進來的地方！」光的入口，就是改變的起點。人人都可以是改變的一環，只要將想法放在讓其他人看到的地方，不必擔心自己的意見是否完整，也不用因為疏漏而覺得丟臉，而是以集體智慧、源源不絕的想法刺激進化。

每一次唐鳳接受訪談，都將訪談內容公開讓每個人看得見，有興趣的人可由此發揮想法，成為創作者的素材，或者偏鄉老師的教學題材，一切都有可能。靠著更多元、跨領域的參與者，就能觸及到更廣的生活層面。

愈險峻，愈要公開透明

唐鳳曾表示，在疫情剛爆發的時期，口罩的產能到底如何，以及哪裡買得到等，沒有透明的方法可知，因此將口罩數量從生產到地方藥局等相關資訊公開，不僅在第一時間減輕了民眾的慌亂不安，也有助於釐清各種傳言。

不過，由於健保系統可追蹤民眾旅遊史，也引發個人隱私是否遭到政府監控的疑慮，但因台灣健保系統有嚴格的法律限制，僅限於公共服務，不可有商業用途，這讓全民參與的防疫之戰可以反應得快速（fast），並兼具公平（fair），甚至時而還能有趣味（fun）。其實，要兼顧三者，絕非易事。

透明性正是唐鳳理念的基調，在眾多會議與演講中，她經常詳述此概念與目的。例如在史丹佛大學視訊演講時，她提及：「台灣以『完全透明』（radical transparency）理念使國家運作對人民公開，架設『公共政策網路參與平台』讓公民為公共政策提出點子，實踐參與式預算。」

此外，在華府智庫「國家亞洲研究局」（The National Bureau of Asian Research）關於台灣與中國對抗疫情使用的生物偵測比較研討會中，唐鳳以視訊出席，她指出台灣民主正在進步中，而促進民主參與的最好方式之一，就在於政府的透明度與問責制，政府應對人民展現透明度，而不是人民向政府透明。

在《一九八四》中，人民無所遁形地生活在「老大哥」的監視眼皮下，成了失去理性思考的從眾者，喪失人原有知的權利；而真正資訊通透的透明性，讓自由得以展現，讓疆界成為不存在的名詞。

我們呢？

完全的開放，是否能達到另一種創新？還是言論自由被侵占了？

資訊透明性會因社經背景不同而有不同的解讀或者詮釋嗎？

在什麼樣的情況下，個人隱私可能昭然若揭？

隨著科技持續發展，公開透明與個人隱私之間的界線是否也在改變、調整？或者因時因地制宜？

有哪些領域，我們因公開透明性而受惠？在享受透明資訊帶來的便利時，自己能為此做出什麼貢獻或回饋？

聽聽唐鳳怎麼說

把自己「捐」出去了！

我想「唐鳳」這兩個字，有很多人把它當動詞或形容詞用，它的詞性非常多元。這個名字我已經捐出去了，也沒有肖像權、信用權的顧慮！

若有人說：「我的貼文被『唐鳳』了」，諸如實際語言上的各種應用，或像客委會做成「唐鳳過台灣」文宣等，好像隨時隨地、舉頭三尺有「唐鳳」的那種感覺！「唐鳳」二字是描述性地被使用，並非我想要它被怎麼樣使用。

對我來說，原來（我的名字）還可以這樣用。我並不是這個名字的擁有者，只是它的使用者，對於未來的使用者沒有什麼權力。如果未來有人要再拿去使用，我覺得很開心！我對我的名字沒有執念。

在入閣前，有一次接受雜誌採訪，我自己拿個攝影機，邊訪談邊拍攝，跟現在是一樣的，我拋棄掉著作權。就大部分的情況來說，採訪是彼此的思想結晶。或許，當時的採訪者並不習慣，工作過程都公開了，誰還會來看報導？當然，那時也是經過一番溝通。

會有這樣的想法大約起於一九九四、一九九五年，我開始認真閱讀英文經典作品，多是古騰堡計畫的著作，最經典的知識庫，沒有著作權的公版書，可以被翻譯、自由轉換成各種格式，任何人都能從中學習。

如果沒有古騰堡計畫，我不會有閱讀經典的底子。當時我的英文閱讀速度並不快，也不是很好，但我能以自己的速度，而且不用付任何費用，閱讀這些知識。這也是支持我不需要去學校，就能完成研究計畫的重要原因，還包括使用arXiv網站，那是最前沿的知識庫，可以自由下載論文。

飲水思源！我的知識取得的習慣，就是在這種拋棄掉著作財產權的環境中養成。取之於人，回饋於人。

源自「Internet」的世界觀

網際網路（Internet）本來就有一套世界觀，它也是我的世界觀。「Internet」為什麼稱為「Internet」，而不是「Net」？因為透過網際網路協定，資訊能夠互相交換，不然，我們只會有地區網路，而不會有真正對應上全世界的網際網路。

「Inter」就是網際的那個「際」，在真實世界就是人際，人與人之間的關係，即所謂的「intersubjectivity」（互為主體性）。我大部分工作都是在增強「inter」的部分，因為「subjectivity」的部分，已經很多朋友投入了，而我增強

「inter」部分的力氣多花在跨文化、跨領域、跨世代等的對話能力上面。

一九九三年，我十三歲，決定不去體制內學校上學，也是我接觸開源（Open Source）的起點。當同齡小孩埋首於學校課業時，我優遊於網路一線牽的世界。開發系統掀起了我內心的潘朵拉盒子，之後又參與了超文本社區新提出的網路架構，即使目前忙於政務，仍然持續參與。

今日黑客文化盛行，其實早在一九九〇初就存在其雛形，以及自由軟體的開放。當時我對程式語言、AI（人工智慧）和網際網路等新奇玩意，充滿著濃濃的興趣。我發現這些程式設計者都在線上工作，所操作的相關工具多是以開放形式讓大家使用。世界不再是「獨善其身」，因為在這個世界裡，作品與他人分享是自然而然的事情。

這比較像是一種生活方式。我認為，開放的作品通常能觸及到更多的人，開源模式讓願意接力工作的人可以持續下去，而這是一輩子的事情。至今，我的想法並沒有一絲一毫的改變；變化的是，隨著網際網路普及，有更多人願意投入，分享愈來愈容易。

「開放」是開放什麼？

運用在政府協作會議上，我們每月舉辦兩場協作會議，案源有兩個，其中一個是Join平台（公共政策網路參與平台），任何人想推動某個議題，只要透過五千人連署。我們會一起跟開放政府聯絡人討論，該議題是不是可以當作協作會議，主要是為了能夠聽到更多利害關係人的聲音及需求，經由透明性創造民眾與政府機關之間的對話及互信。

過去透過朋友架設網路平台「零時政府」（g0v.tw），以「政府透明、人民作主」為訴求，希望改善以往政府資訊不透明公開的印象。當時這活動影響許多年輕人投入，並共同撰寫不少協助公民參與政治的軟體。二〇一四年太陽花學運時，我也是其中的獨立媒體人。

二〇一四年開始，辦公室同仁用類似方法教導運行開放政府活動，到了二〇一五年約有上千位公務員受過訓練，二〇一六年我入閣後，開放政府之責自然成為工作範疇之一。前行政院長林全選擇我的原因，在於要我確實推動「數位經濟」與「開放政府」政策的協調整合。

透明的「開放政府」正是蔡英文政府上任前強調的，彼此理念很契合。面對台灣政務體系，我認為要引進「實虛整合」概念。官僚也是人組織而成，實虛整合下，讓大家對彼此的狀態有感，而不是所謂機械式的有用。

開放政府第一件事就是：資訊跟資料的開放，也就是透明性，開放之後我們會問，看了這些之後有沒有什麼想法，這個是公民參與部分。民眾的想法到底最後怎麼樣了，我們要給得出交代，這個就是給出交代的部分，各自有各自要負責的地方。

第四種交換模式

這也是開源世界的精神。我認為，開源對這個世界重要的理由在於，在今天充分ＩＴ化的世界，我們已經進入了匱乏、分配／科層等交換模式難以為繼的時代。開源社區提供了一個示範，由「向不特定人分享」開始，經過「集合眾人貢獻」的過程，使永續、接力與共享的創造性，得以發生。

就傳統定義來說，有三種為人熟悉的交換或市場經營行銷的行為。

第一種是組織內的團體，就像我們同在一個家庭，或者是屬於同一個社區，當中又分內團體（In-group）和外團體（Out-group）。家庭或是這些內團體的成員，他們會共享一切、交換一切，可是他們不會跟非我族類的「外來人」共享資源或分享。因此，改變只發生在內部。

第二種交換模式，是我們在政府或者其他層次結構中看到的，僅跟梯子上方或下方的人交換。比如說，下屬只會向直屬經理報告，然後這位經理會跟他的總經理報告，然後再往下分配資源。這種交換模式是很典型科層式的。改變不容易發生，程度也不大。

第三種就是我們跟任何有錢的人交換。我們向有錢的人提供服務或貨品，然後再用這筆錢與別人交換，或與其他向我們賣東西的銷售者交換。基本上，就是使用貨幣交換，非遠古時代的以物易物。以上是世界上三個主要的交換模式。

可是，如果以行銷者身分參與開放源碼，你就能學會世界上第四種交換模式，可以自由地為了任何目的，跟世界上任何人進行交換。這是一個非常革命性的想法：我不在乎你是否跟我來自同一個族群，我不在乎你是不是台灣人；我不在乎你是不是老闆或經理，我不在乎你有沒有錢。我想向你提供我的服務，我就慷慨地給你。我們已經證明了，比起前三種傳統交換模式，這種模式能夠更有效地在更短時間內接觸到更多人。這將會是二十一世紀的潮流。

技術的親近性縮短了溝通成本。台灣開源發展的過去與現在之間，差別也在快速拉近，之前主要由軟體工作者參與，但隨著創用自造文化的開展，現在像是文字（如維基百科）、硬體（如Arduino/Thingiverse）、音樂（如Blend/SoundCloud）、影像（如YouTube/Flickr）、設計（如Behance）、教育（如Khan Academy/OCW）和政治工作者（如g0v）等非科技領域者，也都開始參與開放文化，範圍愈來愈廣闊了。

如何進入開源社區？

更多人參與開源世界，讓穿梭在系統中的知識更加透明，而參與者該有的能力，諸如語文溝通、邏輯思維的能力是必要的，此外只要保持好奇心即可。如果你想進入開源社區，我給予的建議是：想做到什麼，就動手去做。真心想做一件事時，全宇宙的「沒有人」都會來幫你的。

至於，在網路上你開放這篇文件給大家編輯，其他人到底有什麼資格來編輯？以及他的編輯真的可以代表別人的意思嗎？這是一開始理論上最大的困難，如果不回答好的話，沒有辦法設計出讓整個網路圈、讓大家參與的方法，這也是透明性的前提。

我相信，社會就像生態系，有其獨立自主性與非常高的多樣性，不會被單一論述決定。這樣當新的事情發生時，我們比較不會流於片面，因為一個生物多樣性很高的社會，不會被一個病毒給打倒。用事實來行動，而不是用口號，如果連事實都沒有辦法確認，更不可能談解決方案。

像中央流行疫情指揮中心的「一九二二」專線就是這樣的概念，並不是好像我們最懂，所以民眾就不需要懂，而是必須不管民眾的收入、性別、年齡、族群、身分、身心障礙與否、地理位置，都應該取得所有相關訊息，包含每個藥局有幾片口罩，或者排在你前面的人已經領了多少片口罩，又剩下多少片等等。因為這是「可靠資料的可用性」，不但要可靠，而且還要可用，兩者一樣重要。

我常常說：「缺口就是光的入口！」任何事情時刻都在變化中，現在看起來很完美的，到了下一個階段未必會如此。重點不是當下完美的程度，而是你能夠在這個變異、變動當中，清楚地讓光透進來多少，透明性就有多高！如果，不是透明的，反而會變成哈哈鏡之類了！

【唐鳳語錄】

- 我並不是「唐鳳」這個名字的擁有者，只是它的使用者，對於未來的使用者沒有什麼權力。

- 開站是一時的，開源是一輩子的。
- 隨著網路社會的普及，分享變得更容易了，也有更多人願意參與。
- 我最習慣的事情，就是跟一群誰也不服誰的人，一起討論出共同的價值。
- 想做到什麼，就動手去做。真心想做一件事時，全宇宙的「沒有人」都會來幫你的。
- 為了能夠聽到更多利害關係人的聲音及需求，經由透明性創造民眾與政府機關之間的對話及互信。
- 我不在乎你是否跟我來自同一個族群，我不在乎你是不是台灣人；我不在乎你是不是老闆或經理，我不在乎你有沒有錢。我想向你提供我的服務，我就慷慨地給你。
- 你能夠在這個變異、變動當中，清楚地讓光透進來多少，透明性就有多高！

小辭典：Join系統

Join是由國家發展委員會建置的「公共政策網路參與平台」，希望透過民眾的參與，讓行政機關的政策計畫更為周延，邁向公開透明、公民參與及強化溝通的目標，使政府與民間形成「夥伴關係」。

不限本國國民，在台的外國人士也能參與，只要是讓台灣更好的意見均可提出。此平台主要有「提點子」、「眾開講」、「來監督」、「找首長」四大功能，可發揮論壇、諮詢、記錄等數位工具的內涵。民眾可以在平台上針對正在決策中的政策提出創意見解或建言，也能從無到有地提出自己的政策，只要超過一定數量的網友附議，相關部會就必須回應。至二〇二一年五月已成案的有二百四十三則。

關鍵詞2：共情傾聽

民主是人類的偉大發明，但它必須依傍溝通與對話。一個以民主政治價值為核心的開放政府，不應只有追求最大的決策效率，而是要能讓公民社會中的每個人在對話韌性的基礎上，往不同方向前進。這可能是一個「大家雖不滿意，但都可以接受」的狀態，讓社會具備最大彈性和活力來體現民主價值。

古希臘哲學家柏拉圖許多著作都以對話方式呈現，針對命題，在對話交鋒中，如剝洋蔥般，達到價值或者定義的實踐。換句話說，就是經由「對焦」，開展行動。

對話的基礎

「對焦」的目的在於「整理爭點」。多方利益關係人會有不同的想法，可能彼此差異或者不同意對方的觀點，但是大家對於最後討論出來的具體實踐是有相同基調的，唐鳳將此稱為「重疊共識」（overlapping consensus）。

她也表示，一次一次地與人對話，就是她的知識輸入（input），而對話韌性奠基在兩個重點上：傾聽和尊重。

先聽懂了，才能說對話；學會了聽見，才有可能繼續溝通。當代許多研究者也發現，在工作或社交生活中，「聽」實為理解的首要。政大企管研究所講座教授、個案教學大師司徒達賢便強調：「聽、說、讀、想」是管理者的自我修鍊，尤以「聽」排在第一位。

他認為，高明的聆聽，不是聽到跑進耳朵的話語，還包含對方的觀點到自我理解的過程。專心仔細地聽，能找到發言內容的條理，並聽出言外之意，且在聆聽中進入對話的脈絡，包括前提假設與因果關係的邏輯推理在內。這等於是將自己放在對方的思想架構中，來進行模擬思考。

華頓商學院最年輕終身聘教授亞當・格蘭特（Adam Grant）指出，善於傾聽的人通常較能創新，並發揮強大的力量。生理上而言，聽是聲波經空氣振動，從耳朵傳遞到大腦聽神經後，判讀訊息意義的過程。「聽到」是訊息接收的末端，也是理解對方、評估信任與否的關鍵。因此，「聽到了什麼」，是感官、智力和感情的綜合成果，不僅用耳朵，還要用腦和心。

曾任大英百科全書編輯委員會主席、《如何說，如何聽》（*How to speak, How to listen*）作者莫提默・艾德勒（Mortimer J. Adler）定義：「傾聽是頭腦而非耳朵負責的工作；如果頭腦不曾積極參與，那不是『傾聽』（心聽），應該用『耳聞』形容比較恰當。」

在日常的人際互動中，人們往往會以自己的價值觀，去判斷別人說的話，形成一套「說法」，百種「聽法」的情況。如果有聽沒懂，聽不見弦外之音、話語之外的真正需求，與對話者沒有連結，等於為日後的衝突埋下導火線。職場上，當傾聽不良，人際關係發生問題，甚至導致誤解，工作勢必有阻礙；生活中，若對四面八方湧來的訊息欠缺思考，也聽不見自己內心的聲音，恐將難以成長。

同理感受睡眠不足

在採訪現場，左右腦同樣發達、還被戲稱能夠「腦波發電」的唐鳳如實展現了傾聽的能力。第一次見面時，我提到前一天凌晨三點才睡，儘管我們仍很陌生，她卻能立即了解我的狀況。談話時，除了耐心聽我完整陳述提問，並且放慢語速回答。不外就是同理我的處境，仔細傾聽我的思考脈絡，並在彼此對話辯論中，將所要傳達的內容，結構清晰地表達出來。

很多人會說，這並不難辦到，其實不然。試想，當有人跟你說：「昨晚睡得不太好。」或許，我們可以知道對方狀態不佳，但很快就被眼前的事占據了思緒，或者礙於時間馬上切入談話主題，真的能夠以同理心角度，站在對方的立場，不管是從物理性或者理性思維層面感受到對方睡不好的感受，並且共情以對，絕非易事。

溝通之所以困難，正因為「你想的」與「你說的」和「別人聽到的」，往往有很大的落差，或是不同的事情。八次對談中，我們談及不同的主題，但唐鳳幾乎每次都提到「傾聽」。她認為，唯有好好去聽對方在說什麼，才能真的聽懂對方要表達的涵意，而不是急著下判斷，讓溝通無法達到共識而破局。

我們呢？

工作中，已經被許多任務追著跑，還要花不少時間開會，每次老闆長篇大論到底在講什麼？你是否能夠不帶任何預設立場地認真傾聽？

同事與你討論工作細節，一旁的手機叮咚、叮咚響，聽到同事表達的重點了嗎？

講台上的老師口沫橫飛，台下學生心裡卻在擔心下一堂的考試還沒準備，這樣一堂課吸收到了什麼？

家中父母、伴侶、孩子就在眼前，耳朵雖然沒有關閉，但是他們說的話，我們真的聽見了嗎？

不管在學校、職場、社團、家庭、親友聚會、社交活動或與公共事務有關的場合中，每當聽到有人表達的意見、想法或觀點等，是你不以為然或反對的，能夠先仔細聽完對方說完嗎？還是立刻打斷對方，或者就心不在焉了？

聽聽唐鳳怎麼說

傾斜傾聽，共情共感

我覺得「對話」首先就是傾聽，「傾」是傾斜，願意受到對方的感受影響，然後有所回應且有同感。我跟對方對話時，少有將專注力放在自己身上，大部分的情感是跟對方同調的，比較像是互為主體的狀態。

但是，這個同感不是對方狀態不好，我也跟著不好，而是我透過自己的經驗嘗試去理解。好比，如果你說昨晚沒睡夠，那我就會想我沒睡夠時的感覺是什麼，由此產生同感。基於自己的類似經驗，如果我沒睡夠，而有人在跟我說話，那麼我會希望對方語速放慢一點，或者多用一些比喻，而不是一下子就進入邏輯或理論之中。

也就是，透過對話共情，產生共感，然後達到同理。同理，是從自己的經驗出發，並不是指單純的同情心，而是傾斜（自己）去聽對方的心聲後，又能回到自己經驗去理解。我覺得這是對話最基本的過程：先傾斜傾聽，然後當自己講的時候，已經是基於同理來闡述。因此，同理的「理」是指知識，不然就叫「同情」。

共情共感就是我在當下回應對方原訊息的狀態，包括講話速度、腔調等等，都會跟對方協同，我想這部分的心理狀態是感性的，不是我預先謀劃好當下要怎樣就怎樣。幽默感也是一種共情，雙方對某件事情可以將本來的情緒轉變成比較開心、建設性、正面的情緒。

十分鐘隨堂練習

我說話時，腦裡有一個完整的脈絡結構，我會循序漸進地講出來，因此可以說感性共情和理性思維這兩者互相支撐，不是一邊蓋掉另外一邊。在進行溝通時，我會在腦裡重現對方的實際狀態，但如果這兩者缺了一個的話，例如只有感性共情，而沒有理性思維，那就會變成一廂情願；若只有理性思維，而沒有感性共情，又成了一廂理願，都是沒辦法達成溝通的。

這種溝通的歷程既非模擬出來，也不是強迫自己，而是靠練習——練習積極聆聽與不打斷。不僅聆聽時不打斷對方，自己腦中運作時，也不會打斷對方，沒有想要快速下判斷的念頭與行動，這樣練習二十一天，就開始有對話的能力。

與其舉一堆例子，不如你親身力行，有點像隨堂練習。最簡單的方式就是找朋友或家人，問說：「你願不願陪我講話？我保證五分鐘絕對不打斷你，五分鐘之後我會告訴你，我聽到什麼。接著，換我跟你講五分鐘，你也不要打斷我，我們就來練習一次看看。」這樣傾聽的隨堂練習一輪十分鐘：每個人都有五分鐘，「五加五」，前一個五分鐘是對方講你聽，後一個五分鐘是你聽完後告訴對方，你聽到什麼。

以台灣和日本為例，一個歷經過九二一地震，一個有三一一震災，對於大自然不可抗的狀態都抱持敬畏、謙虛的態度，這是不同文化脈絡下可以共情共感加快進入對話脈絡的契機。當年台灣發生九二一時，有許多志願的互助力量展現，稱為「社會部門」。對於日本朋友來說，因為發生過三一一震災，同感讓他們立即了解我想闡述的社會部門的意義，但對於其他沒有發生過颱風、地震災情的國家來講，就不會有這樣的意義。

從「對決」到「對話」

對話不限於兩個個體之間的對話，也能是自己與文字的對話，或者擴大到藉由電子與透明線上（on-line）的媒介來達到以社會公益為出發點的對話，甚至是所謂安那其（Anarchism，無政府主義）的境界。好比，民眾有投票權，實際上可以參與決策，在自由民主的社會中，任何人都可以說：「唐鳳這個決策很蠢笨！」這就是修復的好時機，身處公部門有一個好處，民眾都是客戶，如果在私人企業，那可能只發生在我與我的客戶之間。

但是在公部門，大家都是客戶，所有的聲音都是一種智慧，決策的形成來自每一個人的每一塊拼圖，而不是、也不會變成藍圖。例如在Join平台上，一個議題只要超過五千人連署，部會就要回應。Join上有非常多提案，而且是互相對著提案，也就是對決狀況，一邊說某些特定教材要退出校園，另一邊說一定不能退出校園。

不同意見在平台上對話，而我們能夠做的事情，就是將對話透明公開，穿透同溫層跟中介者，進一步達到共識。

我常在演講一開始時，引用總統蔡英文就職演說中的一句話：「以前，我們以為民主是兩個價值中間的對決，但從現在開始，民主必須是多元價值中間的對話。」從「對決」到「對話」是我們這個時代的使命！打造一種能夠即時回應，而且是有溫度的民主。這次美國總統大選，當選者拜登（Joe Biden）說了一句話：「我們也許是對手，但是我們不是敵人，我們都是美國人。」與蔡總統就職演說時所講的，幾乎是相同的主旋律。

我們也看到（台灣社會）從傳統藍綠對立，或者不同世界觀、歷史觀的對立，發展到現在的同舟一命。中華民國與台灣中間的介係詞，現在已不需要了，而是同一個理念。

這正是共情、共感、共識下，不斷對話累積的樣態。

【唐鳳語錄】

- 「對話」首先就是傾聽，「傾」是傾斜，願意受到對方的感受影響，然後有所回應且有同感。
- 同理，是從自己的經驗出發，並不是指單純的同情心。
- 傾聽的隨堂練習一輪十分鐘：每個人都有五分鐘，「五加五」，前一個五分鐘是對方講你聽，後一個五分鐘是你聽完後告訴對方，你聽到什麼。
- 同理的「理」是指知識，不然就叫「同情」。
- 一次一次地與人對話，就是我的知識輸入。
- 跟對方對話時，少有將專注力放在自己身上，大部分的情感是跟對方同調的，比較像是互為主體的狀態。
- 所有的聲音都是一種智慧，決策的形成來自每一個人的每一塊拼圖，而不是、也不會變成藍圖。
- 從「對決」到「對話」是我們這個時代的使命！

關鍵詞3：理性思維

選每一邊站的對話方式

蘇格拉底是西方哲學的奠基者，他有一句名言：「唯一真正的智慧，就是知道自己一無所知。」蘇格拉底沒有留下流傳後世的作品，但在學生柏拉圖的著作中，經常出現他與眾人一問一答的對話，在一連串的問題中，他激發思考，引導朝向知識的根源處探究下去。

小時候，唐鳳父親唐光華正是以蘇格拉底的對話方式，與她進行各種想法的討論。自許是網路原住民的唐鳳，實體或者網路世界都是她博覽群書所在，也是其厚積薄發的底蘊。

幾次訪談中，她一而再、再而三地強調，先有對話共情，才能達到共感，然後共識、共享。對她來說，理性思維與分析就跟她早年投入開放原始碼一樣，隨著對話者不同，選每一邊站（take all the sides）去「傾聽」，融會整合動態演進。

唐鳳表示，「成見或偏見都是後天形成的，如果減少填鴨或刻板印象的教育，不要規範大家鸚鵡學舌地覆述對世界既有的論斷，那麼『選每一邊站』應該是再自然不過的能力。」簡單說，就是聽百家言，解一己惑，成公益事。

走進唐鳳行政院辦公室內，可看到左邊角落桌子上擺放著她去法鼓山演講受贈的一塊牌匾，上面正是聖嚴法師為人熟知的四句話：「面對它、接受它、處理它、放下它。」高僧語錄所表達的處事態度與層次，唐鳳也實際應用在工作思維上。

自我一致的思考發展

數次互動中，明顯感受到唐鳳對於用字、語境和邏輯脈絡的高度要求。她表示，在發展思考的時候會盡可能留意自我的一致性，避免發生如「羅素悖論」的情況。如果村莊裡有個理髮師說，全村的人中，只要不替自己理髮或沒有辦法自己理髮的人，他就會幫這些人理髮。那麼，在這種說法下，他會不會幫自己理頭髮？這就是所謂的「羅素悖論」，因為斷言式的陳述而產生矛盾、自我不一致的情況。

但是如果發現有些情況不符合原本的想法，與其將想法硬套在新的事物或人身上，唐鳳寧可去修改自己的想法，使其更切合事實。她進入公部門後，便將這套方式帶入體系中。

有趣的是，台灣民主眾議成林，如何讓各方傾聽和言說比例趨於對稱，並讓社會各階層都能找到發聲管道，體會彼此處境？唐鳳在擔任行政院「虛擬世界法規調適計劃」顧問時，對外就成立一個民眾與政府都能發聲的vTaiwan網路平台。

在這個平台上，一題一議，讓諸如Uber、Airbnb應否存在、網路可否賣酒等虛實整合的議題得到充分討論。以Uber爭議為例，Uber、台灣大車隊代表（台灣規模最大的品牌計程車隊）、新創專家與財政部、交通部等十三個相關部會官員與利益關係人等，在此平台上共同討論。會議秉持開放原則，有速錄師全場記錄，並於網路公開所有人長達兩萬字的發言，呈現各方的想法與思路。

在這個「安全空間」中，沒有任何人能壟斷知識和話語權，也沒有任何人能代表任何人，而記錄是為了讓沒參與的人能重回現場。如果達到共識，就能形成決策，然後行動；如果沒有共識，對話記錄就一直綿延不絕。

用對話溝通提出觀點與想法，替代謾罵，並取得決策的最大彈性與活力，最大公約數就是更自由的民主生活。這樣的思維模式也適用在你我身上。

我們呢？

工作或者人際關係上，遇到困難的問題時，如何思考、下判斷呢？

坊間教導的思考方式那麼多，有實際應用過嗎？如何找到或發展出適合自己的？

接受彼此立場不同的過程中，需要具備什麼條件？

事情或者專案處理之後的「放下」，到底是一種什麼狀態？

聽聽唐鳳怎麼說

發現問題，解決問題

我想「發現問題」的簡單方法，就是去聆聽實際碰到問題的人，因為只有在現場的人，才能夠如實說明自己到底遇到什麼狀況。也就是說，多方且選每一邊站的方式去聆聽，這是發現問題最簡單，也是最快的方法。

接下來，解決問題分成兩部分。第一部分是「開門造車，你行你來」，也就是碰到問題時，每個人都會有自己的解決方法，如果誰認為自己的方案比較好，就先提出來。第二部分是在收集到多種解法後，自身先退一步，回到凝聚大家共同價值之處，由此思考問題，就比較容易解決。

每次都去看一件事情的正方和反方，或者超過兩方之見，我覺得這是可以練習的。當你對某件事情提出建議時，可以習慣性地問自己，對哪些人有不利影響、有沒有更佳的解方，甚至有其他角度的想法出現時，讓這些意見隨時在腦中聚焦，並形成整體感，不知不覺中，共同價值就會愈來愈清楚。

二〇二〇年，我到法鼓山演講，法鼓山送我一幅聖嚴法師的十二字箴言——面對它、接受它、處理它、放下它。在這之前，我就已將這四句話轉譯成在網際網路上寫專案的狀態和過程。

如何轉譯十二字箴言？

首先，對於我拋棄掉智慧財產權的成果，別人可以有創新的想法，那不一定是我原本會想到的，而我也許會認為他的作法比我好，也就是說，「所有資訊都在共筆裡」的過程中，我要先去了解他的創新，然後再複製到我的想法中，這就是去面對它（這件事）。

再來，如果別人更動的部分，跟我要改的有些不一樣且比我好，那麼我願意放下我的作法嗎？這是接受它的過程。接受了，表示我認可對方的作法真的比較好，就將他做的好方法整合進專案中，即是處理它。

最後一步是推動（前面所指開源世界的專案），且分享給全世界，再次不主張創作的獨占權，就是放下它。這種轉譯能力，就是把國際開放原碼社群的習慣與聖嚴法師的箴言做一個互相轉移。

對我而言，脈絡結構講的是概念之間組合的狀態。比如，先面對它、接受它、處理它，再放下它，這是一種線性結構。如果是行動、連結、擴展，就是一個互相支持的三角形結構。

結構跟概念是一起的，就好像化學分子的化學式一樣，不能夠脫離那個結構，才會出現意義！所以，在思考過程中，單一地去掉標點符號、字或者結構，都無法在我的腦中形成想法。

程式碼開發專案的工作思維

我在二〇〇六年於巴西參加CONISLI會議所作的主題演講「-OFun：樂趣最

優（Optimizing for Fun）」裡，將自己領導分散式團隊開發Perl 6語言（編按：一種開放程式碼）的經驗，總結為幾個重點。其中「隨時保持藍圖清晰」、「寬恕大於許可」、「打破僵局」、「不求共識，只求創意」，以及「使用代碼描述概念」這幾項，特別適合小型的分散式團隊。因此，在開發程式碼時，我們特別重視團隊成員間的知識分享。

此外，當設計過程出現多種備選方案時，我們會主動進行實做每個方案（面對它，實際行動），以深入探勘它們的設計空間，並先一步解決可能出現的衝突（接受它，解決問題）。

如果在此過程裡發現有更好的設計，我們也不怕將整個原型打掉重寫。雖然團隊缺乏面對面交流，但這些文化特質幫助我們培養相互之間的信任和情誼，並將爭議降到最低，讓開發程式碼成為一件樂事（處理它，打掉重練）。

同樣的思維模式也可以加上通過「故事測試」來進行程式碼開發專案工作。在《測試之美》（*Beautiful Testing*）一書中的第十六章〈剝開Socialtext的表皮〉（編按：唐鳳曾於Socialtext公司任職），解釋了我們由「故事測試」推動所開發的流程：

1. 工作最基本單元是一系列「故事」，也就是一系列非常輕量級的需求文件。
2. 每個故事只包含對一個功能的簡要描述，以及此功能的運作實例，就是用最直白的文句進行描述。我們稱這些實例為「接納度測試」。
3. 在故事形成初期，設計師會先寫出初步的接納度測試，隨後由開發人員和測試人員進行討論，之後開發人員才開始編寫代碼。
4. 隨後這些故事測試會被轉換為「共筆測試」（wikitests）。藉由共創的動態成為自動測試流程的一環。也就是，思維創新一直在動態中循環著。

用故事測試作為「表達需求」和「驗證需求」的共通語言，這種作法的好處不但大幅節省了溝通成本，當時也讓我們專案小組每個月在進行系統改版時，不用擔心已經修復的瑕疵會再次出現。

結構脈絡與價值觀的一致性

不管是開放程式碼專案的進行，或者我的思維邏輯、語境脈絡結構都是前後一致的。

即便是閒聊也是一樣。如果你把一件事情想得很複雜，其實有點像自證預言，就會變得很複雜。但如果只是很簡單，彼此間認真講、認真聽，就算我們不在同一個地方，想辦法將頻寬和視訊設備弄到完善，只要保持這樣原則，其實就沒有任何複雜之處。

而對我來講，閒聊本來就會產生意義，像我們在辦公室訪談，任何來訪的人帶著不同目的到這裡來，但我最後一定會談到永續發展、公共利益等課題，因為這是我看事情的角度，脈絡和價值是統一、穩定的。

這並不難辦到。將自己當成八十歲的老頭，把每天視為最後一天，或者每個片刻都當作最後一刻，這樣想就很容易了。當人有一定年紀後，也會覺得人生累積了智慧，即使不是從小就有做公益或永續發展這類的想法，但能有更多東西可以給予社會。這也是一種正面的思考方式。

【唐鳳語錄】

- 「發現問題」的簡單方法，就是去聆聽實際碰到問題的人。
- 選每一邊站的方式去聆聽，這是發現問題最簡單，也是最快的方法。
- 提出建議時，可以習慣性地問自己，對哪些人有不利影響、有沒有更佳的解方，甚至有其他角度的想法出現時，讓這些意見隨時在腦中聚焦，並形成整體感，不知不覺中，共同價值就會愈來愈清楚。
- 「所有資訊都在共筆裡」的過程中，我要先去了解他的創新，然後再複製到我的想法中，這就是去面對它。
- 不管是開放程式碼專案的進行，或者我的思維邏輯、語境脈絡結構都是前後一致的。
- 閒聊本來就會產生意義。

小辭典：vTaiwan系統

vTaiwan是一個制定或修改法規的討論平台，希望透過各方意見的交流，讓法規內容符合利益關係人的期待。愈多利益關係人參與討論，法規內容就能愈周延，可避免發生權益受到影響，卻無法表達的情況。平台上的意見都是公開的，行政與法規制定機關必須閱讀，參與者有機會理解議題的各個面向。此外，機關必須彙整意見，納入決策過程，並在一定時間內回覆相關疑問與建議。法規修改確定後，也要說明哪些採納、哪些未採納以及理由。

第二部

社會實踐

關鍵詞4：永續發展

「永續發展」是我們跟唐鳳見面八次中，經常從她口中聽到的一個關鍵詞，是她念茲在茲的課題。她還將聯合國擬定的十七項永續發展目標（Sustainable Development Goals, SDGs），歸總成容易琅琅上口的口訣。

在日常生活中身體力行

從許多小事可洞悉唐鳳對永續發展的重視，像是她的名片上印著十七項目標代表色的色環；穿著藍染外套亦是她生活的日常，背後理念則是循環經濟的落實，符合永續發展目標第十二項「負責任的生產消費循環」。

對她而言，身體力行種種事項，就是希望SDGs能為更多人理解，成為世人的共同語言和社會使命，而非僅是口號而已，因為從教育、貧窮到氣候變遷等議題，每一項都跟你我息息相關。從小藉由網際網路打開世界知識大門、擅長使用科技讓自己變得更好的唐鳳，當初出任數位政務委員，透過科技搭橋公私部門，落實永續發展正是她的終極目標。

「台灣是有這樣可輸出創新解決方案的暖實力，」她曾表示，「台灣解決自身問題時，已考慮到永續發展目標想達到的『三重底線』（triple bottom line，經濟、社會和環境生態三者兼顧）。」

永續發展的概念如今已是顯學，早在一九七〇年代，聯合國環境計畫開始蓬勃發展，二〇一四年制訂了「永續發展目標」，於二〇一五年底發展推動，其中包括十七項目標與一六九項細項目標，希冀全球民眾於二〇三〇年時能一起達成。從第一項免於貧窮、第二項消除飢餓、第三項確保健康、第四項掃除文盲，確保公平與高品質的教育等個人基本需求，到第十七項連結全球共好分享的夥伴關係，宛如一個全球人類發展遞嬗的金字塔。

沒有哪一方需要犧牲

唐鳳對於SDGs的理解，在現場對話中，有兩次互動經驗令人印象深刻。第一次是親眼目睹她熟稔到每一個細項幾乎都倒背如流，並能說明和舉例出目前台灣發展的現況以及優、劣勢。第二次則是在最後一次訪談時，請她再次將濃縮的口訣念一遍時，只見她一個字一個字地道出，且解釋所代表的意涵。

當然在推動變革的過程中，思維和作法不免會有所調整，也需要適應。像是過去多以經濟發展為前提的思考模式，轉變成以永續作為檢視的視角，並以全循環方式來啟動。這意味著，想要讓地球環境和社會整體永續發展得更好，政府、企業、公民三方參與缺一不可，而且改變必須從身為地球人的你我開始做起。

整個過程並非零和遊戲，不是一定要犧牲某一方才行，反而是參與的各方共贏，在改變中同時也產生「痛且快樂著」的幸福。好比說，新冠肺炎防疫期間，人們面對未知病毒突襲，且又籠罩在漫天飛舞的謠言中，自然產生恐慌。唐鳳就以「humor over rumor」傳達了「用幽默反制假訊息」的概念。各部會也運用各種哏圖傳播防疫資訊，讓民眾一目瞭然，比起落落長的文字語言更有助於傳播正確訊息。

往上與往下的世代聯繫

這也反映了唐鳳強調台灣防疫的特點就是：「Fast（快速）、Fair（公平）、Fun（有趣）。」乍聽之下，這些好像都與永續發展沒什麼關係，然而精神已經展現在幽默哏圖的細微之中。因為只有資訊透明且快速讓民眾知道，當日後這段歷史為未來的人所見時，能有正確的了解和不再犯同樣錯誤的體悟，大膽起步，這不也就是傳承而下的永續發展嗎？

饒富興味的是，問到唐鳳是否有信仰？她的思考脈絡也浸於永續的概念中。唐鳳並沒有直接回答是否有無，而是說：「我相信信仰這件事。」順著語意而下，她表示，每一個信仰都在告訴世人，如何更好地與後代子孫相處、對長輩或祖先有交代，這種將往上三代、往下三代聯繫在一起的信念感，對永續思考是有幫助的。

橫跨二十與二十一世紀的經典暢銷書《成長的極限》（*Limits to Growth*）中提出警訊：人類若持續以現行的方式推動經濟成長，衝撞地球有限的資源，寅吃卯糧將導致未來急速崩壞。危機早已在全球各地顯現，身為這一代的我們沒資格「侵占」下一代的未來，擁抱永續發展的時刻已到來。至於個人能具體做什麼呢？不妨參考唐鳳的建議：就從帶環保餐具開始做起吧！

我們呢？

永續發展的命題看起來好崇高、好遙遠，你認為那是政府與企業要去傷腦筋的事，與個人無關嗎？

是否思考過，在辦公室工作時，多用一張紙、一度電會帶來什麼影響？

雖然想要關心和理解永續發展議題，卻不知道從什麼地方做起嗎？

經濟發展和環境永續一定是平行的兩條線，要兼顧兩者一定會有衝突嗎？這樣的想法到底從哪裡來的？我們有辦法改弦更張嗎？

反正環境已經破壞了，我還能當自然的「好管家」嗎？

自然環境還有重新修復的韌性嗎？什麼情況下破壞是永遠無法逆轉的？

聽聽唐鳳怎麼說

我現在身上穿的藍染外套，它的原料是來自回收保特瓶、咖啡渣所製成咖啡紗，這算是一種循環經濟，也是SDGs中的一環。我最常使用和專注的就是SDGs第十六跟第十七項，第十七項在聯合國永續發展目標中代表顏色為深藍，意義就是達到共同目標的夥伴關係。

在分類學上，人身為人的定義與樣貌，就是「Homo Sapiens」（智人）的意思，也是群體，社會性的部分寫在DNA裡。

以SDGs架構來看，不管是循環經濟或者減低溫室氣體（氣候變遷）等等題目，在海島上的感受是比較強烈的。島的外圍是海，看到海就會看到海灘，人在海灘上能感受到環境的影響，相較處於大陸地形的情境，除非在距離自然生態較近地方，不然因為都市化的程度，或是距離海邊很遠，對於氣候變遷是比較無感的。

企業賺錢本身就可以環保

台灣產業的特色是以中小企業為主，之前上市上櫃公司中有超過一半企業採用CSR（Corporate Social Responsibility，企業社會責任）報告書，到現在ESG（Environmental、Social、Governance，環境、社會和企業治理）報告書已經成為主流。從台灣中小企業角度來講，雖然做善事或者幫助社區並不是用SDGs框架來思考，但其實不管生產什麼東西都可用更創新，或更有環境意識、永續的方法來進行。比如我身上這件使用回收寶特瓶跟咖啡渣做成的衣服，就是材料創新。

日本比較大的集團正是與SDGs目標連結進行生產，並內化於品牌，這是我們可以學習的。透過產學合作或者大學社會責任（USR）等方式，也就是跟大學系統合作的中小企業，可以將企業目前在做的事情與SDGs架構連結，這樣做首先中小企業會更有國際能見度。

再者，中小企業主也會有一群志同道合的新夥伴。過去，你可能只認識產業鏈的在地朋友，但因為跟你投入SDGs主題標籤一樣的，還有遠在紐西蘭或其他國家的企業，他們也在解相同的題目，那麼你們應該一起來做這件事情。例如台灣自來水公司自動偵測漏水就用SDGs標訂，之後發現紐西蘭威靈頓也在解同一個問題。或者，本來要解決農地工廠水汙染偵測問題，後來發現在紐西蘭乳牛養殖地也遇到同樣情況，在那邊還是個重要的政治問題，我們雙方可以用類似方法來解決。

所以當企業使用SDGs標訂進行工作和年度計畫時，企業不只是賺錢、做點好事而已，而是賺錢方法本身就可以造成正面的環境影響，包括循環經濟或用技術創新來解決環境治理的問題等等。

十七個目標，一個口訣

永續發展這個題目非常大，我們需要不斷以永續的角度來檢視每件事，確保所做的一切決定都不是以犧牲後代作為代價，這是沒有終止的一天。按照聯合國二〇一五年的永續發展目標，至少有十七個大類，我做成一個口訣：貧飢健教、性淨能良、工平城任、氣海陸和，以及全球夥伴關係。十七個目標就好像一步一步往上搭建的階梯，在二〇三〇年時一起達成，我想是最重要的目標。

我在二〇一六年比較了解SDGs這個概念，它對我個人產生影響，現在我的名片上印有十七種顏色的色環。一般會期待在目標解說時，看到的是金字塔圖，但我通常是用文氏圖（編按：Venn diagram，可用來表示集合或類之間「大致關係」的一種草圖）。以前，我們會說進行開放政府、循環經濟或永續發展，但各自有各自的目標，有了SDGs框架後，這些目標彼此之間互相加強，就變成一個整體性的概念。當有人問我：二〇三〇年有沒有需要達成的目標？若是以前要講很多，但現在只要說：永續發展。

永續發展目標中，台灣在全球夥伴關係上有具體作法。像是促進全球所有科學跟技術創新的知識共享，推動合作，而不是北半球壟斷全部知識，南半球也要能用開放式創新的方式發展。又或者，我們在搜集數據時，想辦法提高跨國的可用性，不是因為氣候變遷的數據是我搜集的，你就不相信，這是第十七・十八的永續發展目標。

世界本一體，處處皆智慧

通常，我會提及在衣索比亞首都阿迪斯阿貝巴（Addis Ababa）貧民窟的例子，那裡想要運用一些較新的技術來解決電力傳輸、糧食、自給率，或透過行銷讓大家更理解當地農產品等問題。對我來說，在我心裡，這個距離（指夥伴關係）是相同的。

我在那裡參加「社會企業世界論壇」，分享了珍珠奶茶在世界上開放式創新的傳播情況。當時的分享對我而言不像我在服務他們，首先他們沒有納中華民國的稅，我身為公務員的薪水並非他們支付的，而我覺得大家都是人類，況且我去那裡也是回到祖國，因為我們原始祖先最早都是起源於東非。對祖國有些貢獻，也是蠻好的。

從儒家與墨家概念上的差異，可看出不同作法的端倪。儒家的概念是從你的鄰里、國家慢慢發展成一種文明，就是「華」，外界稱為「夷」。你所服務的對象離這個文明愈近，愈要服務他，而服務的目的之一，就是不要被非文明所破壞。若從儒家角度來看，如果用南非國寶茶做成珍珠奶茶的茶底，大概不會被稱為華文化，但從我的角度來說，那裡是人類的祖國原鄉，大家本一體，處處皆智慧。

根據墨家的概念，我們學習的技術、發明的東西、科學的原理，在任何地方都是相同的，所謂「在任何地方都是相同的」這件事情，就可以讓各種不同文化的人進入到開放式創新中。

墨家理念主要是公理化系統，跟幾何原理差不多，放諸四海皆準，不會受到「君君、臣臣、父父、子子」的人倫關係而有影響，墨家仍然體現人性之愛，只是這個體現並不是因為你跟我先有一個社會關係，而是你跟我在同樣的自然原理下運作。墨家與儒家是不同的概念。

愈基本，愈要實踐

個人可以怎麼開始與SDGs目標連結呢？出門時自己帶筷子、帶杯子，這已經是SDGs第十二項的循環經濟了；刷牙時節約用水是SDGs第六項；出門關燈、節約能源是SDGs第七項；盡量地產地銷，確保所購買的農產品是離你較近地方生產的，這也有助於減碳。

一般來講，當SDGs數字愈小、愈基本，愈容易在生活上實踐，數字愈大，如SDGs第十六、十七項，討論的是建立一個機制，讓大家彼此更和平相處，以及如何把全世界的力量團結起來，這兩者本來就是比較抽象的目標。

我覺得台灣在跨部門合作上做得特別好，在SDSN（Sustainable Development Solutions Network，永續發展解決方案網絡）有一個SDG index，量測全世界各國做得好不好的程度。在亞洲做得比較好的是日本，接著是紐西蘭，當然台灣不在上面，如果以同樣衡量標準，我們做得還不錯。

不管用哪個概念，首先要確定的是：全世界都不會有人陷於貧窮或飢餓的狀態，那是含括在內的，並不是要先解決這些問題，再去發展永續目標，因為永續發展前面幾個目標正是這些課題（免於貧窮或飢餓）。這是循序漸進的概念。

【唐鳳語錄】

- 從台灣中小企業角度來講，雖然做善事或者幫助社區並不是用SDGs框架來思考，但其實不管生產什麼東西都可用更創新，或更有環境意識、永續的方法來進行。
- 關於十七項永續發展目標，我做成一個口訣：貧飢健教、性淨能良、工平城任、氣海陸和，以及全球夥伴關係。
- 十七個目標就好像一步一步往上搭建的階梯，在二〇三〇年時一起達成，我想是最重要的目標。
- 首先要確定的是：全世界都不會有人陷於貧窮或飢餓的狀態，那是含括在內的，並不是要先解決這些問題，再去發展永續目標。
- 永續發展目標是一個循序漸進的概念。

關鍵詞5：群眾智慧

AI（Artificial Intelligence，人工智慧）是近兩年來的熱門詞彙，它為生活和工作帶來無限想像，但也讓人感到憂心忡忡，自己的工作會不會被取代，個人隱私有無遭到侵犯，是否會造成社會結構性問題。

不只ＡＩ，還要結合ＣＩ

迥異於眾人對工作將被取代的憂慮，唐鳳認為ＡＩ時代來臨，世人不需要害怕失去工作，反而是要去挑選工作，因為創造性的內容是機器人無法替代的。基於對公共價值與利益的重視，她主張CI（Collective Intelligence，群眾智慧）應與

AI彼此加強結合，將有助於勞動參與者提升工作品質。

她幽默地表示，在有「人工智慧」之前便是仰賴「群眾智慧」，或如有些人戲稱的「工人智慧」。好比說，老師先要求學生交互批改作業，經由彼此的檢視與了解後再由小組長確認，最後才交給老師審閱。互相檢視的過程幫助同學了解彼此的想法，小組長扮演集中共識意見的角色，最後才交到老師手上。

簡單說，就是把原本冗長的事交給一群人做，過程中每個人都能學習、貢獻並有成就感，這就是一種群眾智慧。看似流水線的活，其實每個人都是型構未來藍圖中的一塊拼圖，一起往讓成品完成度更佳的路上邁進，個人成長的同時，未來也增幅了。

維基百科就是一個全球群眾智慧的經典例子。在台灣，從民間g0v（台灣零時政府）社群推動與建置的vTaiwan平台，到公領域行政院Join（公共政策網路參與平台），都屬於群眾智慧的結晶。唐鳳辦公室的「公共數位創新空間」（PDIS, Public Digital Innovation Space），是資訊透明性、傾聽眾人意見且共享的實踐之地，充分體現群眾智慧的價值。

玩出一個樂高有機體

怎麼去理解唐鳳組織PDIS的意義呢？有意思的是，長期浸潤於開放原始碼世界的她，網路上協作、分享的系統思維運作與推動公眾政策的PDIS，如出一轍。進一步了解PDIS的組織，會發現成員多來自不同領域，有的來自行政院各部會（許多政策推動是跨領域的），有的是民間專業人士（希冀達到公民協力），此外還有參與優化公共政策的實習生（多半是大學生，透過年輕人新血注入，提供新思維的衝撞）。很像玩樂高，每個政策專案如同一件作品，不同專業的人士隨時提供所長，進行協作，慢慢也「長成」一個彈性的有機體。

從PDIS上的公開記錄上可發現，許多協作會議與政策改良專案，以及唐鳳每次會晤媒體、企業拜訪等內容，皆在此公開，部分訴諸於文字，後期更加入影音。不管是文字或影音記錄都開放讓眾人可以進行二次、三次甚至多次創作，或共筆創新、創造。

至於辦公空間也打破原本囿於一地的傳統概念。舉凡行政院唐鳳辦公室、位於仁愛路的社會創新實驗中心或者虛擬網路空間，都是辦公或即時更新的地方，許多訊息能在不同時段中留下或更新，或許其他人或其他時區的人一醒來，問題就得到解決了。

放下零和，投入融合

打破時間卻更能凝聚一起工作的感情，連結的樞紐就在於目標一致：一起解決問題。在學習中創造，利己也利他，這是唐鳳對話中提到的概念：「並非所有事情都是零合，可以是融合」，讓互相衝突的價值找到可能的突破點，由此創新，並讓民眾的聲音被聽見。

這方創新的沃土，將每日訪談、工作記錄、社群協作工作坊等內容上傳到網路，唐鳳上任後也陸續受邀造訪紐約、多倫多、馬德里、東京、香港等城市，分享其價值觀和主張與該組織的作法。從理念到行動，諸如「口罩供需資訊平台」到「Uber共享經濟」的專案討論所在多有。

正因為群眾智慧被聽見或看見，更多人願意將聽見或看見的參與到PDIS，加入協作、共享與創作，你我都可以是為未來添增一抹色彩的人。

我們呢？

你認為，自己只是國家機器運作下的一顆小螺絲釘，光煩惱工作和生活就夠了，公共政策不是該去費神的事情？

政策是民意代表決定的，你我有投票權，但投完票後，若對政策有不同想法，還可以透過哪些有效的溝通管道表達意見？

溝通的管道就是去找里長、立法委員陳情，除此之外，你知道哪裡有可以加入討論的平台嗎？

對一個公共政策有自己的見解時，你曾參與任何一種平台的專案討論，或者將內容進一步再創造，嘗試引起更多人的關注嗎？

在各種公共議題的討論中，群眾智慧經常發揮無形而巨大的影響力，你認為自己可以扮演怎麼樣的角色呢？

聽聽唐鳳怎麼說

什麼是群眾智慧？

為了這本書所進行的訪談就是一種群眾智慧的展現。我拋棄了著作財產權，訪談後，內容公開在網路上分享，任何人若想要引用、延伸運用或混搭都不用問我們。如果有人透過YouTube平台看到影片，再針對幾分幾秒時的對談表達自己的想法，這內容又變成一種未來的資源。我們現在開啟了知識的泉源，未來許多人就可以像拼拼圖一樣疊加或疊代，這稱為群眾智慧。

群眾智慧大致可以分成兩個階段：集思和廣義。集思，就是大家對於相同的事情有不同的感受和覺察，如果不將它們結合起來，而讓大家各想各的，不溝通、不對話，最後沒辦法達到公共的利益。

廣義，就是要讓本來不關心或不知道這件事情的人，一旦覺得需要去關注時，能很快進入脈絡中，不用自己再去做全部求證的工作。因為個體不可能知道世界所有結構性問題目前的實際狀況，所以要讓接不上此知識狀態的人，盡可能沒有負擔就能參與。如同當年我不用支付任何存取費用，在網際網路進入社群擷取知識一樣。

對我來講，思想其實都不是個人的創見，而是群眾智慧的結晶，很多是大家的想法，我把它凝聚出來而已。現在的智人是高度互相連結的群體，我並不覺得孤獨，即使我在意的事情再冷門，只要透過網際網路就可以下載許多豐富的資料。這來自眾人共享的集體智慧，例如「中國哲學書電子化計劃」網站，就是為了促進文化溝通，讓跨文化的朋友可以了解東方哲學思想。

集思廣益的網路世代

此外，行政院有個青年諮詢委員會，持續邀請三十五歲以下的青年擔任閣員們的逆向導師（reverse mentor）。我三十三、三十四歲時，就在行政院同樣這間辦公室中，擔任當時政務委員蔡玉玲的逆向導師。出生並成長於透過網路連結整個世界的世代，早已習慣一想到什麼主意就集思廣益，這是他們首先學到的一種政治或社會組織的方法，因此由他們去思考今天面對的結構性問題要怎麼解決，是很好的。

例如十二年國教課綱提及要更重視技術高職，不像過去念不到普通高中才去念技職，而是在國中階段就引發學生的興趣。當時，有一位年紀不到三十歲的青年諮詢委員黃偉翔提出建議，是不是應該去看有「技職奧運」之稱的國際技能競賽（WorldSkills Competition）。那一年在俄羅斯舉行，他把勞動部長也帶去，自己集資拍了一支短片在院會播放，院長蘇貞昌看完深受所動。

不僅如此，他結合技職國手的力量，前往偏鄉國小將校園變得更美、功能更完善，投入社造、地方創生，效力國家且對整個世界都有所貢獻。他的提案立刻獲得青諮會採納。過去大多認為念技職就是第二階，或如儒家觀念的「萬般皆下品，惟有讀書高」，但現在就是對此提出挑戰，最終目的是引領大家不斷學習，走向終身學習之路。

在新課綱架構下，拓展學子對於學習的視野，「適性揚才」的概念能讓他們增幅，讓未來提早發生，這倒沒有城鄉差距。當然，我不是說有什麼魔法，只要一揮魔杖，家長的腦袋就通通改變了，所有的改變都是需要花時間的。

我也不是說，每個人都要當青年諮詢委員，而是強調透過參與形成集體智慧，進而自發互動共好。主要是去營造一個有能力、跨領域、互相理解、彼此能協同工作的共好環境，最後團隊才有競爭力，而不是只看個人。這是沒有區分世代的，只要讓一個人對於這個時代的實際樣貌有興趣了，產生興趣的他自然會進入這個資訊工作的狀態並去參與。

Made in the world

但如何透過網際網路學習和理解知識呢？所學這端出於對未知的好奇和探索，慢慢集思廣義；創新就是應用端，將集體智慧展現出來，如同在疫情初期，口罩短缺，電鍋本來不是用來消毒口罩的，也可以用來消毒口罩了，這就是一種集體智慧的「創新」。

最重要的是，每一個人都在拼圖，而不是像以前僅有藍圖的感覺，這些都要花時間。並不是說，我在這個位置上登高一呼，忽然之間，大家就被洗腦了，那都是網友的創作，並非真的是我腦波可以控制的。

有人說台灣很小，我想我們的優勢在社會部門的團結與群眾智慧。以創業來說，如果想要解決一個環境、經濟或者社會問題，在台灣可以讓創業者軸轉非常多次。我認為，能幾乎不用付出成本地不斷試新方式非常重要，當然時間成本是要付出的。但如果沒有這樣的文化，創業一次就傾家蕩產了，也就沒有創新。

對我來講，並不是在台灣創業就一定要待在這裡或在台灣上市，或是以台灣作為主要市場、要當台灣的獨角獸，我沒有這種狹窄的觀念。我認為，你在這裡想出一個好主意，最後在別的地方發揚光大，也非常好。

或者，你在別的地方想到一個好點子，後來發現只有台灣這個地方才能夠買單，繞了一圈又把你的團隊挖角回台灣，這是人才循環，也非常好。現在的創業就是made in the world，全世界一起創作。

在公領域的集體創作，珍珠奶茶就是一個非常好的案例，在全世界不管哪個時區，我只要用珍珠奶茶來解釋開放式創新，所有人一聽就懂。因為珍珠奶茶的特色就是它有多重源起，很多不同的發明理論，所以誰也沒有專利，誰也沒有著作權。

珍珠奶茶中的智慧

黑色或白色做成的粉圓都算是珍珠，用南非國寶茶、綠茶或任何種茶都可以當茶底，配上豆奶或燕麥奶也都行，所以珍珠、奶、茶三者，可以因地制宜任意抽換。所賣的並不是特定產品，甚至也不是特定服務，是一種把東西組合起來的概念，而且不管你怎麼組合都不會被告，就算把珍珠放在披薩上也只會被抵制，真的是made in the world。

後來珍珠奶茶也變成「奶茶聯盟」的一個哏，任何地方的任何人都可以運用珍珠奶茶這個概念去混搭成他愛做的內容。這個就是群眾智慧，遠在衣索比亞都聽過或者甚至喝過珍珠奶茶。每一個人都是群眾智慧拼圖的一塊。

彩色口罩也是防疫下一種群眾智慧創意的展現。過去口罩就是白色、綠色或藍色，當一個小男孩說戴粉紅色口罩會被笑後，隔天指揮中心團隊就一起帶上粉紅色口罩，結果更多人跟進，許多品牌也跟著生產，後來口罩供需穩定後，各種顏色口罩紛紛出籠。

如何讓大家勇於參與但不因行動而陷入困擾？我用涵容性（inclusive populism）的方法來定義作法，例如在公共政策網路參與平台上面，提案人允許用筆名參與，而且不需要有投票權或公民權，只要有個手機號碼就能在上面提出最有創造力的想法。

或許提案人不過十五、六歲，還沒有投票權，可能因為家人出了一些狀況，為打抱不平而提案。我們都是事後才知道這些脈絡，我們就事論事，將對方視同立法委員一樣，因為他收集到五千個人支持他的主張。

這樣的概念對我來講就是涵容性，將公民的定義擴張到只要有手機號碼的人，不管你幾歲，甚至不需要有國籍，只要有五千個人同意你的意見，我們就來好好傾聽群眾智慧、好好來回應。

【唐鳳語錄】

- 我們現在開啟了知識的泉源，未來許多人就可以像拼拼圖一樣疊加或疊代，這稱為群眾智慧。
- 讓大家各想各的，不溝通、不對話，最後沒辦法達到公共的利益。
- 個體不可能知道世界所有結構性問題目前的實際狀況，所以要讓接不上此知識狀態的人，盡可能沒有負擔就能參與。
- 思想其實都不是個人的創見，而是群眾智慧的結晶，很多是大家的想法，我把它凝聚出來而已。
- 所有的改變都是需要花時間的。
- 主要是去營造一個有能力、跨領域、互相理解、彼此能協同工作的共好環境，最後團隊才有競爭力，而不是只看個人。
- 每一個人都在拼圖，而不是像以前僅有藍圖的感覺，這些都要花時間。
- 現在的創業就是made in the world，全世界一起創作。

關鍵詞6：社會創新

來到位於台北市仁愛路三段原是空軍總部的「文電中心」，瞥見地面上白色如柳絮的草堆，經過冬風一吹宛如市中心下起了「白雪」。一踏進社會創新實驗中心走道，只見熙熙攘攘人群在一旁討論或工作，熱絡的氣氛與外面的冷冽大相逕庭。在唐鳳暫借的一間辦公室外，立著「唐鳳在這裡」的預約看版，每週三的時間已經排滿到兩個月之後。

為了承諾上任時說的「溝通」，社會創新實驗中心是唐鳳傾聽民眾及業者心聲的所在地，她希望透過「選每一邊站」，與來自各方的人面對面地解決問題。其實，這裡只是唐鳳實踐社會創新的一個縮影，舉凡透過視訊會議或者到各地演講，以及各種不同的討論模式，都是為了體現她口中對於社會創新（Social

Innovation）的定義：「眾人之事眾人助之」。

也就是說，任何人都可以參與對公眾有利益的行動，有所體悟後進一步傳播出去，同時可以再次創造，每一個人一個再創造，就能成為一個大集合的新想法。其實，這跟唐鳳主張透明性、傾聽、共享的價值一脈相成。

讓良善產生蝴蝶效應

對於唐鳳而言，要實踐她口中的社會創新，政府部會之間的串連必須順暢，這也是她入閣的初心，期許自己成為「公僕的公僕」。然而，政府軸轉社會創新所扮演的角色是協助而不干預，一切仍要回歸組織或公共事務群體。因為只有靠群體力量才能真正解決問題，從系統性達到目的變革，這正是社會創新與商業創新最大不同之處。

然而，真的有那麼多事情需要透過社會創新來解決嗎？唐鳳的回覆很立體，她表示，光是SDGs十七項目標中要解題之處就很多了，例如教育、人權、氣候變遷等等舉目皆是。

如同眾人所知的蝴蝶效應，一個良善的想法與行動，有可能擴散成全球影響力，諾貝爾和平獎得主尤努斯開創微型貸款的「窮人銀行」就是最佳範例。別小看自己的力量，「自由的百科全書」不也是網路上芸芸眾生的傑作，而創新依舊還在路上奔馳著！

不管是走進公部門的唐鳳，或是網路上的Audrey Tang（英文名），今天正發揮著「昔日取之於人，今日授之於人」的精神，開拓社會創新的道路。

我們呢？

身為學生、上班族、家庭主婦或退休人士，只憑個人的力量有可能參與社會創新嗎？

社會創新聽起來好像走在時代的尖端，是不是一定要運用到最新的數位科技？

如何讓社會創新變成一種創業，不僅帶來收入，同時也能改變社會、發揮影響力？

哪裡可以找到諮詢的社會導師，協助自己完成夢想？

聽聽唐鳳怎麼說

我認為社會創新的定義是：眾人之事眾人助之。

眾人之事，就是有公共利益的事情；眾人助之，就是任何人都可以參與。當大家都參與，想出一個好的方法，而這個新方法可以擴散，進而創造公共利益，就是一個社會創新的解決方法。若它只形成特定營利事業體或公司利益，一般我們稱它為產業創新，這是兩者的差異。

台日共同的災難經驗

社會創新的一個特色是，大家都可以提供不同角度的想法。當各種不同角度的想法提出來時，它們也不會是我的思想，而是說透過我的作為，進入到對方的想法中，他再去做應用，並傳播出去，這就是可擴展的（extensible）。

台日有歷經地震的共同經驗，在經過一個大災難後，每個人都想盡辦法要恢復原來的生活狀態。以福島所生產的柿子、製成的柿餅為例，首相也要吃，並表示因為收到福島柿餅，得到鼓勵，才能在國會上通過重要法案。這是一種社會創新，它不是完笑話！

這樣的行動賦予「吃了福島柿子」議會進行會很順暢的意思，也將國運昌隆跟災區重建透過一種諧音哏，連繫起來，這就是社會創新，因為這個哏本身帶有公共利益，災區的農業確實需要一段時間才能夠恢復。就像台灣小林村因為颱風大量雨水侵襲而導致滅村，災後重建以當地種植的梅子和各種加工物為促銷產品，跟福島柿子幾乎是一樣的故事。這些並非刻板的情境，而是兩國皆有歷經災難之情，體認出一種共同狀態，日本稱為社會的「羈絆」。

簡單講，不管是日本還是台灣，都是同舟共濟、同舟一命。畢竟資源是有限的，如果揮霍、浪費或汙染，一旦外部帶來傷害立刻就能感覺到，跟身處在大陸地形的人們所感受的，是完全不同的狀況。更深層的是，每個人破壞環境的時候，同時也是在破壞社會之間彼此的信任。

主題標籤，無限擴展

關於社會創新，還有hashtag（井號「#」）的例子，就是你想到一個概念，在概念之前放一個井號。這是二〇〇七年由克里斯．梅西納（Chris Messina）提出的，當時並不是產業創新，因為在任何平台，或他所任職公司Twitter上都沒有提供這樣的功能。但當時他就在想，如果舉辦一場大型活動，所有參加的人要發送推文或是到其他社群媒體，前面可以都加上同一個井號。進行全文檢索時，就能如同在同一個聊天室裡面聊天一樣，對於訊息的傳播是非常有幫助的。

結果，演變到最後就反過來，Twitter、Instagram等社群軟體好像非得加這個功能不可，因為在社會上已經形成這樣的一種共識。這叫做主題標籤，也是一個社會創新。梅西納是第一個提出的人，他沒有申請專利，任何人都可以用，而且用的方法也不一定是他原本所想的狀態。後來還衍生出各種各樣的用法，像是冰桶挑戰之類的，而在台灣有很多人把它當作出題應用，這已經完全脫離本來意思。

這個概念就是可擴展性。創新的特色是任何人都可以在原有的意思上，再加上一層意義，因為加上一層意義後，覺得用來出題也不錯，因此被使用，所以擴散程度愈來愈廣、愈來愈強，這就是社會創新。而我自己最常用的井號是「#Taiwan Can Help」。

從粉紅到彩虹

另一個社會創新例子是疫情期間發生的粉紅口罩事件。有人將戴口罩當作是個人流行態度的表達，那時有個小男孩打電話到防疫專線一九二二說：「我有粉紅色的口罩，但是我不想戴，因為老師和同學會笑！」隔天，指揮中心的指揮官陳時中就跟團隊一起戴上粉紅色口罩。突然間，那個小孩變成最酷的男生，接著，很多品牌紛紛推出各種粉紅色周邊商品，而前一陣子彩虹口罩也很搶手，各種顏色的口罩成了一種流行。

公共衛生工作者想盡辦法讓四分之三以上的國民戴口罩、勤洗手，他們很需要這類的社會創新。因為行動的促使不是由上而下，好像要強制人民去做某件事情，而是看見我戴了彩虹色或粉紅色的口罩覺得很炫，你願意戴起來，這就達到公共利益，而且任何人都可以想盡辦法參與，還變出各種花樣去參與，它就有擴散性，絕對是社會創新，這跟數位科技沒有什麼關係。

從另一方面來講，指揮官陳時中在防疫上的滿意度，民調最高時達到九十四％，還是有六％的人，從他們的角度來看是不滿意的。然而，這六％很重要，它表示：我們（政府防疫）必須給得出交代，而且這六％才是很多創新的來源，因為他們可以一起來想出更好的作法。

或許有人會批評是大內宣，但在傳染病學上有其基本要求，數字可以證明防護狀況。如果沒有足夠的餘裕，萬一真的發生社區感染，以健保本來已經緊張的程度，說不定支撐的空間會不足。

此外，為什麼六％的創新重要？這六％的人，讓我們想到未來的超前部署，而不是等到發生才注意、才去學習，或許不遲但是不能忘記！日本在疫苗部署的討論相對比我們多，是我們可以學習之處。

社會創新與社會企業

在社創巡迴會議及政府聯繫會議的過程中，也發現社會創新的各種挑戰，大概都不是馬上就能夠解決的，現在的想法是透過各方、各種意見的討論、理解，讓大家看到，各部會朋友知道討論的事項也有這樣的作法，無形中打破科層機制，但是又不用一直做組織改造，而是在現階段組織改造的前提下去進行。

因此，未來聽到「社會創新」，希望大家不會一下子就往公司型態想，而是比較往合作社及其他人民團體的形式來想。其實有一個簡單的判準，如果有具體環境或是社會問題，並有一個明確的使命，往右邊連到企業，也就是至少有一項可以賣的服務、產品，然後還有一個具體解決過社會問題的連結，中間的連結我們叫做社會創新，做這樣的事業也就是社會企業。

目前的定義比以前廣，以前比較偏公司型態，現在是跨型態，並沒有說一定要是公司、NPO或是合作社的型態。到底要如何解決社會或環境問題，我們目前的分類都還是以聯合國永續發展目標（SDGs）為主。

在社會創新行動方案上，確實有提出產值跟聘僱人數的量化目標，像「推動拓展」主要是經濟部、勞動部負責，包含社會影響力，每一年至少五千萬元，或者是提供就業弱勢族群在地就業機會一千個，或相關廣宣活動，之後會逐年看到包含區域輔導或合作事業相關活動的管理考據，例如每一年要二十五場、導入七百五十人次等等，這些都是很明確的量化指標。

在質化方面，例如提升台灣社會創新認知及共識，不是舉辦幾場研討會可以說明，可透過一些質化問卷調查，及舉辦大型活動之前的前測、後測，或是跟比較專業的民意調查機構進行合作等等。

行動方案要滾動式調整

在規劃社會創新行動方案時，我們也是花了整整一年時間，並不是由上而下去說要發展哪些事務，而是透過不停的巡迴座談，然後去看實際上各界希望要進行的事情。我們不會只框在社會企業，如非營利組織，或者是傳統營利企業、社團法人、財團法人、獨資、合夥、有限、股份有限公司、閉鎖型公司。這比較像是擰繩子的概念，也就是從兩端盡量往中間擠，範圍就能有所限制。

可是現在不是這樣的概念，而是在每一個單位、組織上的每個人與社會環境相關的種種問題，都算在社會創新的光譜當中。然而，透過一次次的巡迴會議，大家告訴我們需要什麼，再放進去解決問題的專案庫中，整整經過一年時間點對點（peer to peer）才產生行動。

好比說國發會問我們要訂什麼法，我的回答並不是「我們政府」要訂什麼法，而是透過大家討論，提到對於中小企業相關新創條例，或某個合作社法、要點，或者在適用上碰到的困難。我的工作就是排除障礙，幫助解決社會問題的朋友解決大家的問題，而不是說國發會需要突然立十幾個法，就按照需求做出反應，社會創新方案從討論到行動是滾動式調整的，而非僵化或一蹴即成。

【唐鳳語錄】

- 我認為社會創新的定義是：眾人之事眾人助之。
- 眾人之事，就是有公共利益的事情；眾人助之，就是任何人都可以參與。
- 每個人破壞環境的時候，同時也是在破壞社會之間彼此的信任。
- 創新的特色是任何人都可以在原有的意思上，再加上一層意義，所以擴散程度愈來愈廣、愈來愈強，這就是社會創新。
- 我自己最常用的井號是「#Taiwan Can Help」。
- 為什麼六%的創新重要？這六%的人，讓我們想到未來的超前部署，而不是等到發生才注意、才去學習，或許不遲但是不能忘記！
- 透過各方、各種意見的討論、理解，讓大家看到，各部會朋友知道討論的事項也有這樣的作法，無形中打破科層機制，但是又不用一直做組織改造。
- 社會創新方案從討論到行動是滾動式調整的。

關鍵詞7：公民協力

先從唐鳳之前在忙的數位身分證說起。

數位時代，需要怎樣的身分證？

依舊是一襲藍染外套、內搭白襯衫加黑長褲的唐鳳，不疾不徐地在同樣一間辦公室出現，陳述著數位身分證的「前世今生」。她娓娓道出，會有身分證是因為有戶籍制度，而現今的戶籍制度可追溯至日治時期的戶口制度。

她闡述，我們今天使用的是六代身分證，簡稱六代卡。六代卡的正面是關於自己的個資，背面是關於別人的個資，包括爸爸、媽媽、配偶的名字和居住所在。這張身分證是國家發的，以家庭為單位，即使兩人結婚也是以家庭單位來思考，上面的資料沒有隱私可言，這樣的作法在以前普遍可以接受。

但從二〇〇八年結婚改為登記制後，隱私概念變成以個人為主體。如果到飯店住宿登記，翻到背面，一眼就能看見爸媽與配偶名字，於是開始有人主張要改變。尤其同性婚姻通過之後，可能因為配偶姓名而暴露了個人性取向。除了洩漏個資外，還有防偽的問題要解決，由於六代身分證的防偽造保固期是十年，到現在已經十五年了，實有必要更新。

基於上述兩個理由，亦是核心訴求，內政部比照護照的規格設計了七代卡。正面僅有個人姓名、生日、身分證字號等，背面標示結婚與否，其餘省略。由於晶片只能讀取，完成後不能再寫入，也不能增加新功能，如果要加新功能必須收費重發，基本上就如同護照。

眼不見，也要安心

唐鳳深知民眾的疑慮，對於肉眼看不到、一時沒有辦法驗證的東西，大家會擔心，這是人之常情。即便晶片真的沒有其他資訊，也會有人認為如果技術高超，個資仍可能遭到洩漏或被駭。又好比說唐鳳八十八歲阿嬤跟七十七歲鄰居，她們連提款卡、ATM都沒用過，大多實際刷存摺本子存錢、領錢，從頭到尾看到經手過程，她們就會很安心。唐鳳在進行公共政策推動時，她深切地認為：安心感對年長者來說是很重要的。

另外一個狀況也很真實。一般民眾會覺得，健保卡只有醫療人員或醫事機構的專業人士能經手，他們有一定的公信力，但如果使用數位身分證到旅館登記住宿，是否過程中個資有可能遭旅館業盜用，或數位足跡被內政部監控。這都是起因於看不到所以不安心，而排斥使用數位身分證。

目前提出的解決方案，包括在手機上安裝「健保快易通」以及數位身分證的APP，讓兩者在手機上結合，少了需要帶卡片出門容易遺失與個人資料整合問題。

可是仍有年長者不擅長使用手機，像是阿嬤就問到，是否能將六代卡背面的資訊印出來，貼在七代卡上。這是可以的，印出貼上剛好將晶片蓋住，就變成一張可防偽的「紙卡」。這照顧到老人家安心的需求，也是內政部留給民眾選擇的彈性範圍。

People-Public-Private Partnership

唐鳳直言，科技是要配合人的。當然，現在對於數位身分證在法源和資安上有所討論，最新動態是暫緩上路，但她認為，整個討論過程是「公民協力」的一個好例子，正因為歷經二〇一七、二〇一八年大量的討論累積，才有了二〇二〇年的推動，以及未來上路的可能性。

唐鳳表示，對於政策推動，她最常用的字眼是「跨部門的協作」（cross-departmental collaboration），如果是公民協力，她會用「People-Public-Private Partnership」，唐鳳強調：「社會部門、治理部門、經濟部門的夥伴關係，而且順序是很重要，people在前面，public、private，最後才是partnership。」

因為在她的理念中，公民協力的中立前提在於，社會部門先設定好什麼是重要的，什麼對民眾包括各個年齡層與族群是重要的，什麼對不同社會部門的朋友們是重要的。這些設定完成後，治理的公部門綜整，然後要求經濟部門配合社會部門所確立的共同價值來執行。簡單說，社會部門負責議題與價值的設定，治理部門確保內外一致、前後一致，經濟部門主要就是執行且提高延展性。

其實，數位身分證是一項嚴肅的課題，但唐鳳在講述公民協力時，令人印象最深的是談及阿嬤使用安心感的部分，而這不正也是公民協力重要的價值所在嗎？

我們呢？

對於政府某項政策感到無所適從，或者有任何意見時，是否會主動發聲或參與改善行動呢？

覺得任何改變都很麻煩，但是曾將疑慮真實地反應出來嗎？

你知道嗎，若想改善網路報稅軟體的功能、為偏鄉醫療開拓資源，或是討論海洋國家公園漁業與生態的平衡……，都能夠透過邀集利害關係人和協作的模式，找到可行的解決方案，你對哪個公共議題有興趣並願意參與協作？

你對公民科技有什麼認識與想像？在發揮其實質影響力方面，你缺席了嗎？

聽聽唐鳳怎麼說

新型態的公民協力

台灣有很長的一段時間處於戒嚴時期，我們都是靠民間力量，不管是儲蓄互助社、合作經濟等方式，將最後一哩路彌補起來。在世界重新思考政府治理的此時，也要有新型態的公民協力與對話，就是「民眾主動參與，政府隨時回應」。

在具備社工師等完整制度之前，大概都是靠民間力量的社會部門。所以我覺得，社會部門在台灣的正當性一直都非常高，國家能夠做的事情，就是確保社會部門的運作不要碰到什麼障礙或者法規上的限制。但是，真正最後一哩路還是仰賴社會部門扮演重要的角色。

公民協力也發生在紓困振興經濟方案上。很多論點都是基於發現金的概念，在台灣很多人說：「日本是先進國家都發現金，為什麼我們不發？」當時不發現金的判斷很簡單，後來也證實我們的判斷。發現金的方式讓大家儲蓄增加，但消費反而減少了。

就好像有筆錢直接存進你的帳戶時，你未必會特別想要消費，因為存了就存著吧，所以從最小阻力路徑的角度來看，存著比較簡單，反而消費比較難。因此，發現金可能部分紓困，卻沒有達到真正振興經濟的效果。我們希望大家能夠出門，告訴零售業、餐飲店等，這幾個月辛苦了，我們現在來支持你。基於這層考量，不但不能發現金，而且一定要變成當面刷卡、當面使用行動支付、當面給三倍券。簡單說，就是要促使大家真的走出去才有用，才有溫度感。

政策不只是政策

在二〇二〇年九月零售跟餐飲業，達到了一九九九年以來史上最高營業額，表示這套作法有用。政府出兩千元、民眾出一千元，接著有企業推出四倍券、五倍券，變成一個哏，其中就是公民協力的成果，不完全是一個政府的政策而已。

當時民眾也提供很多想法。雖然刷三千元可以領二千元，但是有人表示，二千元想要捐出去，為什麼不能建立一個捐款愛心碼呢？因為過去捐款碼只能捐發票，像我就是捐給5942140，四十分之一移工教育文化協會。有德國記者採訪我時，順帶一問：「移工沒有三倍券，能不能解決一下？」

我們想一想，就決定寫程式加上這些概念。其實這些創新的作法都不是我厲害，而是來自民眾的聲音，我不打斷他們，聽清楚之後變成政策。同時，也因為這樣的起心動念，讓民眾更願意使用數位三倍券。數位三倍券平均每人都刷到五千元以上，對振興經濟是很有效果的。

讓未來的人看見，對未來增幅

我覺得，一個人如果很坦然地表示自己沒有要接受既有、剛性的社會框架所拘束，光是這樣的表達，就已經為了下一個不想被拘束的人做出社會貢獻了。我講的社會貢獻或社會參與的定義是很寬的，社會參與並不是說一定要包台遊覽車參加集會，我要講的是，把個人的心放在一個未來的人可以發現到的地方，但可以是非同步的，並不是逼著或被逼的情況，這也是一種社會貢獻。

今天你的參與有人會看到，或者未來的人看見了，那麼你和他的行動也是一種社會參與。總是有些朋友看到我談「開門造車」的內容，對他可能有不利之處，重點還是在於，覺得有不利之處的時候，他能不能足夠放心、有安全感地去指出，並討論這件事情是不是他所想的那樣。這樣就夠了。

我們的工作就是營造出一種空間，讓任何人都願意一起來討論，在相對安全的情況提出問題、設定議程，講述對自己有利或不利的部分，然後，傳播、散播開來。影響下一代，總是比較容易。所以絕大部分要透過二次、三次以上的傳播，那些我是毫無控制權的，要看大家的力量，這就是公民協力，也是大家對未來的增幅（empower）。

增幅的一體兩面是如何？端看應用在什麼時候，讓一個人戴上眼鏡看得更清楚、戴上助聽器聽得更清楚，都是在輔助和幫助一個人。要將力氣花在人與人之間的互動共好上面，還是一群人透過ＡＩ奴役另外一群人？前者是empower，後者是disempower，兩個是不同的方向。

民眾主動參與，政府隨時回應

公民協力要隨時保持藍圖清晰。我常講：快速、公平、有趣，不管是社區營造或者有人提出問題，看看是否能符合以上三個特點。或者說，我在行政院工作，希望節省眾人的時間，降低風險，增進公私部門互信，而且不能做一件事犧牲其他兩件事之類。其實，概念很簡單，任何人都可以在腦裡驗算：到底這樣一個行動是不是會破壞整個藍圖？

也就是說，你這一塊拼圖，你的形狀要畫得很清楚，你要拼到哪裡，別人也能很快知道，並跟你的想法結合。如果不是這樣的話，就是我這邊的形狀要往外伸，還是要往內縮，變成削足適履。所以，你這一塊拼圖發展成什麼形狀是非常重要的，如果發現雙方的作法會破壞藍圖，彼此就不應該拼起來，這樣也節省時間。現在都說變革管理，重點在於變化的時候，價值中心要清楚。

公民協力也是建立在透明性與參與的互為表裡之上。沒有透明性，民眾不可能真的參與，因為邊界沒有畫出來，到底怎麼拼拼圖呢？但是反過來講，如果沒有眾人的參與，那透明性也沒有什麼意義！

如果透明的作法用的是一些術語，民眾沒有辦法實質看懂，就只會流於形式。沒有積極實質參與的透明，其實沒有作用；反過來講，這個參與若是在黑箱下進行，大家發現討論的是完全不同的目標，也是毫無意義。

在世界重新思考政府治理的此時，「民眾主動參與，政府隨時回應」的台灣民主，正為二十一世紀的新型態公民協力與對話，作出示範。

【唐鳳語錄】

- 在世界重新思考政府治理的此時，也要有新型態的公民協力與對話，就是「民眾主動參與，政府隨時回應」。
- 真正最後一哩路還是仰賴社會部門扮演重要的角色。
- 一個人如果很坦然地表示自己沒有要接受既有、剛性的社會框架所拘束，光是這樣的表達，就已經為了下一個不想被拘束的人做出社會貢獻了。
- 把個人的心放在一個未來的人可以發現到的地方，也是一種社會貢獻。
- 透過二次、三次以上的傳播，那些我是毫無控制權的，要看大家的力量，這就是公民協力，也是大家對未來的增幅。
- 任何人都可以在腦裡驗算：到底這樣一個行動是不是會破壞整個藍圖。
- 你這一塊拼圖，你的形狀要畫得很清楚，你要拼到哪裡，別人也能很快知道。
- 在變化的時候，價值中心要清楚。

- 公民協力也是建立在透明性與參與的互為表裡之上。沒有透明性，民眾不可能真的參與；沒有眾人的參與，透明性也沒有什麼意義！
- 如果透明的作法用的是一些術語，民眾沒有辦法實質看懂，就只會流於形式。

第三部

自我主張

關鍵詞8：不完美主義

一八〇是身高！

對許多人而言，「天才」是一種追求，更是一種榮耀。從自學、創業到進入公部門的每一階段，這兩個字就像標籤一樣，一直貼在唐鳳身上，如影隨形。也因為她的表現與抉擇經常超乎社會主流的想像，還曾被視為「超能力小孩」（Indigo Child）。

然而，唐鳳總是一貫幽默表示：「一八〇，那是我的身高！」對她來說，吃飽、喝足和睡飽才有意義，問及平常喜歡吃的食物，不似一般人具體說出名稱，她回答：「碳水化合物、蛋白質跟脂質。」回歸本質的語言令人莞爾。

古今中外，冠上「天才」之譽者所在多有，無獨有偶的是，從天才的言行中可發現，他們多半會避免自己掉入天才高智商的誤區。發明大王愛迪生有句名言：「天才就是一%的靈感，加上九十九%的汗水」，便說明了成果背後的努力。

在橫跨「數學、哲學、文學」領域的諾貝爾獎大師伯特蘭．羅素（Bertrand Russell）眼中，維根斯坦（Ludwig Wittgenstein）是一位哲學天才，唐鳳也承認自己是維根斯坦的信徒。面對生活和知識世界，維根斯坦幾乎時時刻刻保持一種細膩的自省姿態。他的著作不過兩本，兩萬多字的《邏輯哲學論》（*Tractatus Logico-philosophicus*）成了維也納學派的「聖經」，《哲學研究》（*Philosophische Untersuchungen*）則是日常語言分析學派的濫觴。

十二歲時，唐鳳為了自己熱愛的電腦，接觸到維根斯坦的哲學，她不僅深感著迷，並到大學旁聽，進一步研究後，有所體悟。「凡是不可說的，都應保持沉默」，這是維根斯坦為世人指引的方向，而唐鳳認為，在語言無法達到之處，只能以一種詩意的模式看待世界。

解惑之旅

在許多點綴著唐鳳生活、身分與工作的「面紗」下，我們八次訪談「對話之旅」的一開始，我就對她說：「這是一趟『解惑』唐鳳的過程。」隔著屏幕的她總給人一種被神話之感，隨著對話一次次的展開，我看到了唐鳳將「天才」視為形容詞的豁達態度，他主張自己就是不完美，因此應該選每一邊站，聽各家言，方成眾人共識結晶。

她從看待世界的姿態開展出自己的主張。「閉門造車」是我們常用的一句成語，字面上指關起門來製造車子，比喻守著主觀想法行事，然而唐鳳經常掛在嘴邊的卻是：「開門造車，你行你來。」

因為每個人都是獨一無二的存在，對事情有自己獨特的理解和詮釋，所以人人可以是天才，透過網路或公眾平台發聲，就能取得「不一定最好，但一定更好」的共識。說穿了，這很像早期「合作社」的概念，打開大門，各種想法切磋琢磨，人人出力，眾志成城。

換個角度來看，不就是唐鳳價值理念中的「不完美」，成就了你我所追求的完美？

我們呢？

自己是人人口中的天才，但是常感覺被這兩個字壓得喘不過氣，該怎麼辦？

在學校或職場中，所謂高智商的人就應該承擔更多的事情嗎？為什麼？

天才都是天生的嗎？若想要成為天才，是否有可能透過學習或練習達到這個目標？

如果我很平庸，既不聰明也沒有什麼特殊才能，還能參與唐鳳所說「開門造車，你行你來」的行動嗎？

對你而言，「完美」與「不完美」的意義是什麼？你會執著在對完美的追求中，還是能將「不完美」轉化為更有價值的事？

聽聽唐鳳怎麼說

懂得欣賞各種創作

「完美」是形容詞，對我來講，都只是大家的創作。

就好像《西遊記》中的唐三藏，可能跟玄奘也沒有太大關係，角色與故事只是基於部分事實，大部分是作者吳承恩的創作。別人說我是天才，對我沒什麼太大意義，就是抱持一種欣賞的態度看待這樣的創作，具體來講，就像在欣賞藝術創作。我在入閣前便抱持這樣的態度，而任何藝術的審美都需要練習，也不是剛開始看抽象畫一下子就能夠去欣賞。

我沒有不在意，還是欣賞的態度。欣賞也是一種在意！

小時候，我曾覺得整個成長過程所有人都能看到，這樣真的好嗎？但是，時間久了之後，我就習慣了！習慣並不表示自己不在意，而是在意的方式改變了。

以前會區別，哪些是事實，哪些是虛構；哪個部分是創作，又或哪個部分是報導等等，本來一般人在被大眾媒體報導時總是會這樣去看。但現在不同了，我欣賞裡面創作的部分，也包括幻想的部分等等，仍然是在意的，就是用欣賞的態度去在意。

天才與平庸之間的差異，也是一種創作。就好像有人創作出將這個世界分成火焰般光明的善神與黑暗的惡神，還寫了一本《查拉圖斯特拉如是說》（*Also sprach Zarathustra*）。每個創作都有脈絡，我欣賞那個脈絡，但並不表示我要去附和它。而平庸對我來講，就是和光同塵，不特別彰顯關於自己的事情，一切以比較自然的方式去應對，我覺得也是一個蠻好的狀態。

天才的真義

我怎麼看「天才」這兩個字？就是有一些天生的才能而已，很單純的字眼。

其實，智力測驗成人效度最上面是一六〇，再往上就打一個星號，表示測不出來，沒有到一八〇，我只有身高剛好一八〇公分。智商一八〇是一個很常見的形容詞，要形容一個人很聰明的時候，往往會直接說智商一八〇（IQ 180）。

我常引用科恩的一個概念：「缺口就是光的入口」。倒不是說在那個當下有多完美，而是任何事情都處於變化中，現在看起來很完美，到了下一個階段未必還會是這樣。重點就在於，處在變異或變動當中，能夠讓光多清楚通透進來，透明性就有多高。

如果不是透明的，反成了哈哈鏡之類，那麼想要解決問題的人，或者一些創意就沒有辦法散播。如果我不能夠讓一個好主意散播，只是靠自己的聰明才智，那是沒有用的，無法解決什麼問題。

基於同樣道理，我常常說自己就是思想的載體而已！到了我這邊，我增加它的基本傳播數，我不會覺得那是我的想法，其實也是我從別處感受到的一些想法。

因此，我認為這都是相同的概念。我到底完不完美，我覺得沒有什麼意義。天才，就是其他人對我看法的一個標籤，是其他人的創作。對我來講，還是我能不能夠承載重要的思想；若能承載的話，能不能夠很快地將它增幅出去，然後繼續去關心下一個議題。

開門造車，你行你來

每個人、每一天都有不同的狀態，對我而言，不需要有那種想法，在幾分幾秒的時候一定得表現達到完美主義的狀態，反而我大多時刻的想法是，你指出我不完美的地方，我們一起合作讓不完美趨向完美，彼此給得出交代。

像是疫情初期規劃了口罩地圖，藥局為了減少民眾尤其是年長者排隊等待的時間，使用發號碼牌的方法，這與實際以健保卡購買產生數量上的差異，於是口罩地圖就不準了，造成一些困擾。當時，在藥師反映問題後，我們馬上承諾下週就改程式，讓藥局營業時間跟民眾拿口罩的時間，分開在兩個欄位。還有些藥師跟我說，他想要發完號碼牌後，一按鍵就讓那些數量從口罩地圖上消失，我們也實做了這個功能。

透過這個例子我想要表達的是，如果我真的那麼天才，應該一下子就把所有的可能性都想到了，然而現實情況卻是當問題發生、浪費某些藥師的時間後，才找到創新方法，並且納入系統中，然後變成了共創。

從民眾的角度來看，每個藥師對於自己的客群、社區，怎樣能夠讓最多人戴上口罩、勤洗手，一定有他自己的見解跟作法，我們是要增幅他，不是要控制他。

開門造車，你行你來。先確立共同的價值，就是準星，然後結合大家的力量，一起共創。因為我並不完美，我選每一邊站，當有人提出更好的理由，我就幫他辯護！這時可能有人會質疑，我怎麼立場換了？我不是立場換了，而是對方的想法真的比較好。

換位思考vs.選每一邊站

若是換位思考，一次還是只選一邊站，那麼要選哪一邊站？火星或是國際太空站的角度？其實，一般審議式討論中，專業主持人腦裡能容納二十方的觀點就已經是極限，好比房間有二十個人，隨時都要能從特定一人（主持人）的角度，觀看另外十九個人的樣子，但如果人數再往上加就要分區、分組了。

當然，同時要在腦裡選每一邊站且關照各方，這件事並不容易。像在國際政治上，大家都想當規則的設定者，因此真的要選每一邊站，必須先了解每一邊的歷史脈絡和文化，如何導致他們今日在國際舞台上的主張。這在歷史、人文知識方面就需要多一點時間準備。此外，多少還是要跟每一邊調解（mediation），為了促進公共利益與利他，更加互相支持，不是危害公共利益、反社會而更撕裂，如此一來才能慢慢累積出共識。

簡單說，就是你行你來，你願意出現在現場，我就挑你那邊站，我沒有任何本位主義。真的比本來的想法、作法好，我幫你辯護、支持你、幫你召集服務。雖說我本來的立場也不是我的立場，是公務員的立場，可能是來自國稅局、財資中心的立場，我並沒有放掉，只是說，我會讓新加入的人知道，你們這邊提出的想法也是我的立場，我不會變成犧牲這邊去成就那邊。

過程中會有衝突，我通常解決方式是睡覺。把衝突放在腦裡，睡滿八小時醒來，就會有一個共同的價值浮現。如果方方面面太多，我就要加班，睡到九小時。對我來講，心裡不去判斷，腦裡存有這七、八個方面，我理解彼此互相衝突，但是我不選擇任何一個方面當作我的視角，才有可能選每一邊站。帶著這種感受去睡，很容易睡著，醒來還真的會有新的看法產生。

未來，因你而來

延伸到對未來的想法，有點類似「各美其美」這個概念，就是各自美好他自己的美好。未來情況裡我已經登出了，不在世間，但我們至少要相信兩件事：第一，文明是連續的，未來世代多少會用到上一個世代的素材，不然現在應該什麼都不要創作，反正用不到；第二，在不讓後代先知道的情況下，後代自己因應當時情況運用前人留下的素材，代表他們有能動性。我認為這兩者是最基本的假設。

我最喜歡的一部電影《異星入侵》（*Arrival*）中有句對白：「儘管已經知道人生旅程的終點與方向，我依舊會去擁抱它，並欣然接受生命裡的每個時刻。」這句話也就是說，已經知道我即將講出這句話，但我還是全神貫注講出它，有些語言使用不是工具型，而是演繹性（performative）的用法。

藉由這句話說服對方來找出什麼效果，演繹性的部分，我想是這部電影中最主要的核心想法。

在電影中，外星人雖然已經了解前因後果，但他還是讓這個未來透過他而來臨，這成為一個演繹性的行動。我認為，「未來透過我們而來臨」這個概念，在此演繹得非常好，是顯示（show），不是偽裝（camouflage）。這個顯示的過程，也是很多後起人士想要逼近的，你沒有辦法用理性去定義它，但是如果你將周遭狀態都安排好了，主體自身會感覺到未來的來臨，這等於是不可言說，但是你可以讓環境變得比較適合這種事情來臨。

總之，吃飽、喝足、睡夠，這是最基本的，大家認為我的認知功能強，我不覺得好或不好，而且也不會影響我的吃飽、喝足和睡飽。我很坦白地講！

【唐鳳語錄】

- 「完美」是形容詞，對我來講，都只是大家的創作。
- 別人說我是天才，對我沒什麼太大意義，就是抱持一種欣賞的態度看待這樣的創作，具體來講，就像在欣賞藝術創作。
- 我沒有不在意，還是欣賞的態度。欣賞也是一種在意！
- 任何事情都處於變化中，現在看起來很完美，到了下一個階段未必還會是這樣。
- 開門造車，你行你來。
- 因為我並不完美，我選每一邊站，當有人提出更好的理由，我就幫他辯護！
- 若是換位思考，一次還是只選一邊站，那麼要選哪一邊站？火星或是國際太空站的角度？
- 一般審議式討論中，專業主持人腦裡能容納二十方的觀點就已經是極限，如果人數再往上加就要分區、分組了。

- 「各美其美」這個概念，就是各自美好他自己的美好。
- 未來透過我們而來臨。
- 吃飽、喝足、睡夠，這是最基本的，大家認為我的認知功能強，我不覺得好或不好。

關鍵詞9：破除定義

與唐鳳談「競爭力」很有意思，身為台灣第一代自學行動者，從對競爭一詞的翻譯到基本態度，不僅與社會主流價值悖反，更是重新改寫其定義。唐鳳表示，網路世界的維度多達十六到二十個，複雜程度推演著團隊合作的模式，取代過去單一價值的個人與個人的競爭關係。

重新審視競爭的意義

對照今日自學實驗教育百花齊放，當年不過十二歲的唐鳳因不想到學校上學，身陷「成長戰爭」之中。擺脫了傳統學習途徑的禁錮後，高智商、天才或者媒體寵兒等字眼，卻成了眾人對她的「刻板印象」。

或許因為早慧，在唐鳳身上能感受到一股反璞歸真的簡單，或甚至說，基本上她沒改變過，以一種隨緣應化的態度，看似若即若離地接近社會脈動。令人玩味的是，昔日的「逃學小子」，二〇一五年出任十二年國教課發會委員，投入新課綱規劃的行列。

無論如何，面對東方追求第一的競爭感，要喊出無意義，還是需要一股勇氣。在科技帶來便利也入侵生活的今日，資源競爭愈來愈激烈，產生了德國當代社會學家尤爾根·哈伯瑪斯（Jürgen Habermas）所說「系統（效率）殖民了我們的生活」的困境，因而多了一些年輕人不耐「被殖民」的壓力，選擇提早「登出」這個世界。

經過訪談對話後的沉澱，思忖將此篇定為「破除定義」，讓我們一窺唐鳳對於競爭的看法、「正常」與「不正常」的定義，以及面對世界團體戰的建議。

我們呢？

只喜歡「贏」的感覺，一旦在球場、考場、情場或職場上發生「輸」的狀況，總是無法坦然接受？

如果目前自己的目標或期望的生活方式不被周遭環境接受，有機會在其他地方實現嗎？哪裡呢？

感覺壓力大到難以承受，需要喘息或暫時跳脫，盤點各種資源，有什麼調整或轉換的可能性？

求學的過程中，是否曾經為了自己有興趣的題目或問題，不在乎學校成績，自行尋找資源深入理解？從這個經驗中學到什麼？

在工作或生活中，總習慣一個人單打獨鬥，還是經常與人合作打團體戰？

從讀書考試一路培養出的競爭習性，對於日後進入社會有幫助嗎？為什麼？

如果家庭與學校教育從此拋開個人競爭力的觀念，對於個人與社會整體發展會有怎樣的影響？

假如現在要寫一份履歷，但是不能寫個人的學歷，也不能寫在哪一家公司或組織的經歷，而是要寫出自己對社會或人類群體的具體貢獻，你會寫出一份怎樣的履歷呢？

聽聽唐鳳怎麼說

輸贏的選擇

人在成長過程中，透過打打球體驗贏過別人的感覺，或者輸了表現出運動家精神，這都不是壞事。我想要表達的是，一天如果花一、兩個小時在人與人的競爭上，無傷大雅；但是如果一天花十八或二十小時做這件事，就很容易造成精神上過分的負擔。

我的意思是，總有選擇的。但確實，如果環境特別不友善，選擇的機會成本非常高。分兩個層次來看，一層是如果你付不起這個機會成本的話，還有沒有其他可能的生存方式？通常有社會安全網的路徑可以尋求；另一層則是，社會安全網沒有問題，你可以靠國民年金之類活一陣子，那麼何不選擇換一個完全不同的文化型態生活和工作？我的母親離開媒體去辦學，所處的地方是泰雅族部落，一個與她之前工作環境完全不同的文化。都市裡在意的東西，泰雅族人根本不會特別在意；而他們在意的，我們可能要一陣子才能學會。也就是說，當你回到一個初心狀態，本來的核心能力還是存在。

都市社會中競爭性質等條條框框的東西，或是成功不成功的維度，跟在部落裡看事情的方法以及生活節奏都不一樣，因此到了部落，有機會稍微做一些調整和轉換。這時候也不會覺得自己暫時休息就變成所謂的失敗者，只是到了一個新的維度，原本適用的尺規自然就不作用了。

如何衡量你自己？

當然，養成新的習慣需要一段時間，就算年齡較大，六十天也差不多了。透過內觀，進入新的行為模式，一開始可能很不習慣，試著堅持六十天，就會變得不一樣了。至於要怎麼堅持六十天，每個人作法不同。

我的重點在於，養成一個新的習慣，可能透過島內移民等方式，到一個比較不以有多少錢或賺多少來衡量你的價值，而是以你能夠貢獻多少來衡量的地方，其實台日兩地這樣的地方很多。最簡單的方式，就是多分一點時間出去斜槓一下，不一定規模要多龐大，但花一點時間去關心與你的工作不直接相關的事情，等於種下一顆「自己打破自己原有模型」的種子，就算上維基百科網站修改一行字，或修改截圖的一個門牌圖樣或在自家門前奉茶，那都是貢獻。

只要在可行的範圍內，每天僅撥出十五分鐘也好，投入公益事務。這不會花太多時間，但首先你的感覺會好一點，因為自己在做公益，其次會多認識一群同樣從事公益的人。

「正常人」還正常嗎？

環境在改變。我覺得實際的情況是，每個人大概都是異常的，因為在網路上不太可能再像以前，一大群人處在相同的時空刺激裡。就算硬把大家集合到同一個時空，只要能夠打開手機，每個人實際上還是在不同的世界裡面，所以常態這件事情幾乎喪失了意義，因為維度已經太多了。我會覺得「正常人」這個概念，也許在手機和寬頻網路普及以前，還有一些詮釋的作用，但現在可以說毫無意義。

正常與不正常的界線不見了！以前有所謂的常態分布，但現在網路上隨便就是十六到二十個維度的看法，在這種情況下沒有正常可言。個人可以往內求，一百個人本來就會有一百個德行，因此沒有正不正常的問題，而是你怎麼跟自己相處，先跟自己相處之後，才能夠跟別人相處，並讓自己達到更好的狀態。只要你以德行論的邏輯脈絡曲徑進行思考，正不正常就沒有什麼意義，因為是效益論才需要用常態分布概念。

把自己投身於一個必須從不同角度來解決的大問題，而且是一個共同創作的狀態，不是自己一個人獨自感動就好；真的去看解決問題的角度，不是只看某個人的粉絲頁，事情就會自動完成。

任何人在群體中總有比較格格不入時，為了求取別人注意，可能會做出一些對群體有破壞性的事情。我的建議是不要回應破壞性的部分，但是了解對方會做出這些事情，自然有他的需求，所以鼓勵他去表達自己真實的需求，並且只回應那個部分。這就是一種積極聆聽周遭人聲音的方式。

讀萬卷書的心情

嘗試走出去投入外面的環境中學習。我有兩年時間在不同國家進行一項專案，當時的工作記錄在pugs.blogs.com，相當於日記。其實與各國的人溝通，比手劃腳或者時態錯了，對方還是聽得懂，因為主要是討論內容。當時我帶著學習目標去做這項非常複雜的專案，如果不是全球專家一起進行，且抱著大家都是一大塊拼圖中一小塊拼圖的心態在行動，那是不可能完成的。

在台灣，不用半小時可以進入不同的文化，所謂島內移民，就是轉換一個不同的文化視角，好比我到烏來山裡自學，這也是文化上的轉變。

厚積薄發，前提在於你讀萬卷書的時候，抱持一種去別人家做客與傾聽的心情去讀那萬卷書。不一定能解決問題，但至少能找到問題。

通常我不一定是解決問題的那個人。一般來說，應用性質的前提是我發現問題，我還得自己解決問題。但對我而言，大部分都已經解決了，只是這個解決問題者的解決方法，其他人還不知道或者有所誤解。這時我的工作就是把他解決問題的方法量化，然後讓大家理解，問題就自然解決了，其實我並不需要去解決那個問題。

要有獨自思考的時間。空想是你進行思考，但是沒有思考的素材；冥想一般是覺得有素材了。我冥想時的素材就是白天與大家的互動！我是一個對什麼事情都好奇的人，沒有任何挫折經驗能剝奪我對事物的好奇心。用教育學角度來看，其實有點像麻痺經驗，我沒有因為有一個很糟糕的數學老師，所以就讓我對數學不好奇了。

學習歷程與素養導向

二〇一五年我加入國教課綱計劃，對於學習歷程的基本想法是，每個人在進行以問題為導向的學習（problem-based learning）時，絕對有他覺得是問題的問題，但是他的老師未必認為是個問題，那他應該不被當作問題兒童，而是由他自己決定學習的方向。

就像組隊打怪一樣，組成一個容納不同歷程的團隊，彼此是互補的關係，而不是競爭的關係。如果沒有學習歷程，完全只看班級內排名的話，那是一個「false proxy」（假的代理伺服器），一個沒有意義的代用品，因為在班級中的相對名次，跟能不能在大學或未來職場上與人互助合作並解決問題毫無關聯，說不定還有負面的關聯！

當初在擬定新課綱的時候，就理解到大概要花三年時間讓大家慢慢習慣，而現在，學習歷程最後從高三到大學，或從高三到職場的應用還沒有發生，所以大家腦中會有很多不確定性，不知道如何應用。目前所謂的素養導向升學觀念才累積到現在的高二生，還需要高中端與大學端對話，未來才能夠與進入社會後的職涯做一個連結。

大家對於年輕人要在社會上做些什麼，總有一種社會期待。因此對很多年輕人來說，確實沒有辦法先休學暫停一下，或者不要回應社會的期待，自己找一下方向等等。如果我們的社會不是用成功或失敗來做區分，而是用「你現在感興趣的題目是什麼」，自然就沒有人與人之間競爭的困境和問題。

我們要「競爭力」還是「核心能力」？

在台灣，尤其是考上特定大學的年輕人，可能從小聽到的多是個人之間的競爭力論述，這種論述不僅對心理非常不健康，而且也是不必要的，因為現在大部分都是團隊與團隊競爭了，個人與個人競爭幾乎只有在田徑場上。但是在承受壓力的時候，年輕人若沒有機會稍微休息或暫停一下，就會開始覺得不如提早登出（自殺）好了。我覺得這是社會病徵，真要深究成因的話，說不定還是在於個人之間的競爭。

現在課綱改了，整個大考的作法都改了，基本上班級中的排名不太可能被採集當作大學入學的來源，而是靠學習歷程。以前，「competence」翻譯成競爭力，社會上強調要培養個人的競爭力，不要輸在起跑點上，整個產業也是以此為依歸。現在突然要大家改變觀念，個人之間沒有競爭力，只有核心素養，一時間還很難習慣。團體之間的競爭，當然能帶來進步，因為今天沒有什麼事情是一個人可以完成的。個人競爭力就是當年翻譯錯誤，原文中並沒有這個概念，應該翻譯成核心職能、核心能力或核心素養。

回到職場上，如果老闆喜歡他的員工彼此競爭，這家公司就比較沒有競爭力，因為會內耗，反而輸給員工互相合作的公司。舉例來講，「人類基因組計劃」（Human Genome Project）重視開放式創新，但其中一組團隊想盡辦法追求商業利益，主張短期內取得專利；另外一組團隊則相反，儘管這一組一開始看起來有點像一盤散沙，但是因為結合各部門的能力，並為公共利益而行，最後成功阻止了人類基因組變成某家特定公司的專利。這是一個很有名的例子。

不用跑得比別人快！

人為什麼會組織起來？就是因為所有的事情不是一個人能夠做得完，必須分工合作。個人與個人之間的競爭，今天只有在田徑場上非常特定的情況下才會發生，絕大部分的時間，我們會與志同道合的人組成團隊。我的論點是，對於特定大學學生的社會期待，就有點像田徑場上完全是個體與個體競爭的狀態，這其實是不必要的。

出現「個人競爭力」這五個字，就是對精神健康的戕害。

我從小被稱為天才兒童，並不是因為我擠下了任何人，我不需要個人競爭力也可以創業。大家看重的是，我創業的題目對社會帶來什麼新的學習，或者解決了社會上的什麼問題，並不是我在田徑場上比另外七個選手跑得快。

從我的角度來看，確實大家會去稱讚願意幫整個社會擔負風險的人，因為如果不稱讚，說真的他沒有什麼動機去冒險，因為這是很辛苦的事情。這並不是迎合，你只能說我比較早進入，大家可能覺得需要稱讚一下，因為我是有膽子去創業的社會成功人士，但這與個人之間的競爭是不相干的兩件事。

工作上，現在講求OKR（Objectives and Key Results，目標和關鍵成果），概念就是工作者自己訂目標，過去KPI的概念是別人幫你訂。自己訂目標的能動性自然大於別人幫你定目標，這就是兩者的差別。

以社會部門作為資歷

就我而言，每當有人想要把我放到一個情境：我的作品方向不是由我決定，是由出錢的那個人決定，而且他主張要著作權或買斷等等，在這種情況下，我就會跟他談條件。

我從十幾歲起就很確定我的作品免費，但是我的時間很寶貴。假設我二十歲的時候，工作一小時收費三千元，如果前提是：我產出的內容會貢獻出去，讓任何人都可以用，未來也可以用，那麼免費。但是如果你希望是獨家，一小時就要付給我六千元，因為只有你跟我可以使用。如果有別人要用必須經過你的同意，或者他的貢獻要回到你身上，這個時候我的價格就更高，因為連我自己都不能用，一小時我就要收你一萬二千元。

大概分成這三級，在這種情況下沒有競爭的概念，因為不需要在面試的時候打敗其他求職者，而且會來找我的人，已經非常了解我能做什麼、不能做什麼，傳統上的人資就跟我更無關了。

其實這是很有策略的，讓自己的價值高過學歷，或者超越個人與個人競爭所需要的經歷。我以社會部門作為我主要的經歷，而非依據學界或者商界的資歷模式。我貢獻出來的東西對所有人都有用，因此就算我參加的這家公司倒了，或者我做的這個專案之後沒有完成，還是有很多素材可以讓未來的人使用。這就達到共好的共同利益，而不是大家搶有限資源而形成穀倉效應。我在十二歲時就接觸到這一套分享文化，它對我來講是最自然的，我在知識論上也用這個當作養分。

【唐鳳語錄】

- 一天如果花一、兩個小時在人與人的競爭上，無傷大雅；但是如果一天花十八或二十小時做這件事，就很容易造成精神上過分的負擔。
- 當你回到一個初心狀態，本來的核心能力還是存在。
- 養成新的習慣需要一段時間，就算年齡較大，六十天也差不多了。
- 到一個比較不以有多少錢或賺多少來衡量你的價值，而是以你能夠貢獻多少來衡量的地方。
- 花一點時間去關心與你的工作不直接相關的事情，等於種下一顆「自己打破自己原有模型」的種子。
- 只要在可行的範圍內，每天僅撥出十五分鐘也好，投入公益事務，首先你的感覺會好一點，其次會多認識一群同樣從事公益的人。
- 我會覺得「正常人」這個概念，也許在手機和寬頻網路普及以前，還有一些詮釋的作用，但現在可以說毫無意義。

- 把自己投身於一個必須從不同角度來解決的大問題，而且是一個共同創作的狀態，不是自己一個人獨自感動就好。
- 抱著大家都是一大塊拼圖中一小塊拼圖的心態在行動。
- 找到問題，我不一定是解決問題的那個人。
- 空想是你進行思考，但是沒有思考的素材；冥想一般是覺得有素材了。我冥想時的素材就是白天與大家的互動。
- 如果我們的社會不是用成功或失敗來做區分，而是用「你現在感興趣的題目是什麼」，自然就沒有人與人之間競爭的困境和問題。
- 出現「個人競爭力」這五個字，就是對精神健康的戕害。
- 現在講求OKR，概念就是工作者自己訂目標，過去KPI的概念是別人幫你訂。
- 讓自己的價值高過學歷，或者超越個人與個人競爭所需要的經歷，我以社會部門作為我主要的經歷，而非依據學界或者商界的資歷模式。

關鍵詞10：多視角

寬頻人權

與唐鳳談話油然升起一股愉悅感，博學多聞的她，總能讓對方在一來一往的對話中自行探索答案，獨特的觀點更帶來刺激，活化大腦迴路。

多視角包容的自由觀也是唐鳳一以貫之的主張。

十七世紀的英國思想家洛克（John Locke），徹底擁護個人自由的基本人權立場，主張國家對於個人自由的干預應該減至極小限度，被視為「自由主義之父」。

三百多年後網路社會蓬勃發展的今天，唐鳳則提出了「寬頻人權」的概念。只要收得到寬頻，就可透過即時集體思考的方式，一起做出決定。她認為，如果有任何地方接收不到訊號，等於被排除在民主社會之外，因此在台灣即使到了高山，例如接近四千公尺的玉山北峰，我們仍能以每秒10MB的速度開直播。「寬頻人權」也成為重要的政策。

唐鳳常說：「人是思想的載體」，自身是各種內容的經過，也因此她看待萬事萬物的視角是多元的。她認為，我們因為身處在地球，所以掛在嘴邊的是國際觀；然而，有朝一日我們可以遨遊宇宙時，就會多了一個詮釋的視角：星際觀。

不僅是二維或三維

唐鳳的多視角與「選每一邊站」緊密相關，而且都是從傾聽開始，傾聽每一邊的聲音，海納百川，有容乃大地推動公共利益。即使面對自己被到處「使用」，例如客委會以她的照片再次創作為哏圖，並將客家傳統歌謠的歌詞「唐山過台灣」改為「唐鳳過台灣」，或者經濟部中企處的廣宣設計中她彷彿神仙一樣往天上飄，能用腦波遙控一切，儘管唐鳳事前都不知情，看到後卻會心一笑，帶著欣賞藝術創作的眼光，甚至時不時還自黑一下。

「從不同的視角來看待整個社群，讓地方（或政策推動）是更健康的……，」點開唐鳳多場公開論壇，可聽到她將這句話或類似的話掛在嘴邊，有時是開場白，有時則是結語。一再強調看事情的視角，為了要達到真正的共識自由。

唐鳳並非用平面或立體世界的二到三維度去觀看或思索，而是宛如網路世界中多達十六到二十個維度，去聽、去看待一切，同時保留彈性空間、尊重彼此差異。今天面對訊息紛雜極大化，這種態度不也適合我們用來耕耘生命、梳理生活？

我們呢？

當想法與社會主流價值不同時，面對他人的不以為然，你會有怎樣的反應？不管是閒聊或討論嚴肅話題，如果親人或朋友的觀點偏離你所認知或認同的主流觀點，你會如何看待？

在學校或職場上，參加會議討論時，如果因意見不同發生衝突對立時，你屬於堅守己見的人嗎？還是會去理解各方立場，嘗試發想出更好的建議或解決方案？

假想有一場會議，而你是會議的主持人，對於某項議題的熱烈討論，你認為自己同時可以掌握幾個不同的視角，並能從其觀點出發為其說明？

你是否覺得自己身上貼了許多標籤，而你怎麼看待這些標籤？

聽聽唐鳳怎麼說

多重視角不同於多元性

之前，我提到選每一邊站，當然是有「輪轉」（rotation）的，因此會有類似球的意象出現，但是我也覺得，就像圓周有「涵蓋性」（inclusion），一旦我知道有某些本來沒有考慮到的方面，我就要「傳譯、解讀」（translation），移動我的位子到那邊實際生活一陣子，才真的能夠從那個方向去觀看。當然，「比例縮放」（scaling）規模會有延展性，而「輪轉」就是選每一邊站，「傳譯、解讀」是移動且有轉譯的能力，此三者要同時發生才可達到完整狀態，缺一不可。

因此，周延且達到轉譯傳播的前提，就是要「多視角」去傾聽。為什麼不是用「多元性」詮釋呢？有時候「多元性」的意思是指房間裡有各種不同的視角，但這些不同的視角也許是在不同的人身上，而我所說的「跨文化主義」（transculturalism）或者多重視角，指的是在我這個主體身上發生的事情，我作為一個空間的設計者，腦裡要同時有足夠替每一邊辯護的多重視角的能力。

要願意採取這樣的態度，才能夠更了解事情。而且，你的知識當然會增加，不是說知識廣的人才能進行多重視角的同理，而是你愈進行多重視角的同理，你的知識就愈多、愈廣，這是可以練習的。同理的「理」是在講知識，不然就叫「同情」。

所有聲音都是智慧

以我之前看的一本書《認知的不正義》（*The Routledge Handbook of Epistemic Injustice*）為例，從不正義的角度去研究了解認知過程。這個觀點有一個好處，就是以偏鄉或從事農、漁業工作等的角度來看，而不是從所謂的社會主流的角度，以此修正「萬般皆下品，惟有讀書高」的論點，這也是為什麼要推動原住民族轉型正義的理由。

本來就有系統性排除，只是這個系統性排除有時隱而不顯，有時候完全反映在我們的用詞上，從最早「番仔」（台語）、「山地同胞」、「原住民族」，最後到各族，這些都是同一個脈絡，當然是趨向正義方向走。

反向角度是修復所謂主流價值的契機，並不一定會發生但至少慢慢散播出去。那種很自大、覺得讀了很多書就了不起的感覺，可以放下了。因為，所有的聲音都是一種智慧。我們要言論自由，就是希望有各種不同的見解、不同的角度。

看事情或想事情的方法是不是只有一個角度脈絡的討論，或者只是產生零和的結論？包容更多的視角去想事情，可以有不同的見解，也能破解單一結論的原狀。像是在台灣大家覺得我是台灣之光，因為我在網路界或國際上的成就，但別的地方沒有人這樣用。

又例如防疫方面，我們在國際上說：「Taiwan can help」（台灣樂於幫助人）或者「Taiwan model」（台灣模式），這兩個是最常見的。「Taiwan model」指的是我們有一套不犧牲民主人權，也不用犧牲經濟發展，不用犧牲民眾的健康，同時也不用犧牲憲法所保障部分，而是選每一邊站，用創新方法照顧每一邊的需求，這就是台灣模式，也被稱為台灣之光。但台灣之光一般聚焦在一個特定的產品、服務或一個人身上，而台灣模式是一套想事情的方法。差別就在於從單一角度還是多視角去看事情。

欣賞抽象畫的角度

當多視角遇到難兩全時，怎麼辦？當然，我不會直接拒絕，通常會問是否還有另外一種更好的合作方法。其實這跟看待批評和指教一樣，一方面承認我有不足之處，二方面提出「你行你來」的方法，兩者一定是在同一個時間發生的，我不會先拒絕，然後過兩個星期再來跟你說：「我想到一個更好的作法。」我一定是拒絕的同時，也問對方這樣或那樣做會不會好一點。不同角度的包容是一以貫之的價值觀。

很多人喜歡討論我跨性別的事情，這也能是多視角。我自己就帶著一種欣賞的角度，好比看一幅抽象畫，可能一下看不懂或不知道創作者要傳達什麼，或者看起來就僅是三個色塊排列，不知道特別在哪裡。沒關係，都是一種角度，只要保持欣賞的態度，總有一天會發現創作者要表達的概念。

當然在現代社會裡，很多時候會有很多標籤貼在自己身上，但其實還能意識到所謂的「他人即地獄」，已經是一種自覺了。因為唯一擺脫標籤的方法，就是透過結構性的方法去了解，這需要有多視角的融入並且不斷修正，最後才能達到，並降低未來其他人碰到類似情況的機率，這樣才算是真的走出來。這是循序累積的過程，有許多視角的加入，但是對著一個正確的水平線走，有一天，天際線跟水平線好像可以融合。如果不想成為視覺的幻象而已，就是持續包容多視角的加入，疊代而共創。

【唐鳳語錄】

- 周延且達到轉譯傳播的前提，就是要「多視角」去傾聽。
- 我所說的多重視角，指的是在我這個主體身上發生的事情，我作為一個空間的設計者，腦裡要同時有足夠替每一邊辯護的多重視角的能力。
- 不是說知識廣的人才能進行多重視角的同理，而是你愈進行多重視角的同理，你的知識就愈多、愈廣。
- 所有的聲音都是一種智慧。

- 我們要言論自由，就是希望有各種不同的見解、不同的角度。
- 多視角看事情是一套思考方法，而非聚焦在某一個產品、服務或某一個人身上。

關鍵詞11：折衷取捨

二〇二〇年新冠病毒席捲全球，危機之中，面對汰弱留強的考驗，有的人一蹶不振，有的人逆勢投資壯大自我等待黎明來時，企業亦然。人們的生活模式也跟著改變，例如遠距工作和宅經濟的大鳴大放。

機器學習與民主

Netflix就是一個例。一開始，Netflix以一口氣上架一整季影集的創舉，吸引眼球；之後在疫情帶動下，個人化推薦與訂閱制助攻了會員成長數。「客製化是我們精益求精、日日追求的事，不管在內容或硬體設備的整合上，」這是二〇一八年底Netflix新加坡亞洲創新大會上，產品副總裁陶德・耶林（Todd Yellin）的發言。

Netflix擁有用戶使用經驗的海量訊息，根據觀看行為的分析結果，可推薦用戶其他節目，並對新節目的製作做出判斷。當時，耶林也說，客製化是以全球為母體進行社群分類、推薦。

機器學習加上可觀的利潤動機，於是全球影視觀眾的多元面向有了更清晰、精準的描繪。讓人不禁好奇，相同的模式能夠運用在民主議題的推動上嗎？

被日本媒體譽為「ＩＴ大臣」的唐鳳不諱言，「運用機器學習確實有更好的方法來呈現公民的意見。讓這些方式進入政策制定過程的意義，或許在於創造出更好的政策結果。」唐鳳也表示，她從「占領運動」與「阿拉伯之春」等民主運動中，看到了眾多且複雜的溝通挑戰，因而有了開源資料科學平台Polis的開發，其中的數學理論正與Netflix所運用的推薦引擎大致相同。

比二元對立更複雜

二〇一六年，唐鳳參與義大利都靈公民科技學院會議。當時義大利關注的焦點是即將舉行的憲法公投。該次公投將決定行政部門的權力，以及該國總統大位。在組織者要求下，唐鳳和四十名與會者在一個私密環境中，對公投進行了模擬審議。當參與者對同儕提交陳述表達立場，並產出意見矩陣後，Polis機器學習演算法就會自動運行。

轉換一下，若將試算表欄位中的「電影片名」改成「個人意見」，「觀眾」改為「選民」，「評分」改成「同意與否」，演算法就能找出參與者的意見模式，形成集群。唐鳳解釋，從公投的角度來看，絕對是兩極分化的議題，但事實上群眾有著複雜而微妙的觀點，也願意權衡考量各種主張，甚至挑戰現行的意見傳達程序。也就是說，議題本身並非僅有是非二元對立的答案，而是充滿了紛雜的意見和觀點。

正因為意見和觀點紛雜，而每一個意見都很重要，所以協作中必須有包容、協調與折衷。與唐鳳對談時，她也分享了參與國際論壇的經驗，若與她的徹底透明原則有所抵觸，她並不會一拍兩散，而是互相討論出一個折衷方案。生活中，我們也常面臨下判斷的時刻，但是未必要走到非黑即白的僵局。

連續、累積、有彈性

八次訪談中，唐鳳都沒有要求訪綱，我感到有些好奇，對此她的回覆是：「因為對我來講都是同樣的事情。」

乍聽好像很狂妄，其實不然。「如果已經擬好一個訪綱，我配合演出也是可以，可是這就不永續，因為這種架構有點像疊疊樂，很薄弱也很容易倒。」唐鳳認為每一次對話建立在之前對話的累積過程中，這是連續的結構，並非照本宣科僵固在一個模式中。它是有彈性的。

凡是與公共利益相關的事，唐鳳都用一種有彈性的折衷姿態面對。不僅工作八小時內，各項記錄全部攤在眾人面前，在藝術家鄭淑麗的睡眠行動計畫中，唐鳳朗讀多語開源語音資料集「同聲計畫」（Common Voice），唸到讓聽眾睡（不）著，現場還可接上腦波儀，因為是公共利益，他都二話不說參與。

我們呢？

日常生活中，有許多事情或狀況需要取捨，在取捨之間有什麼原則嗎？

工作上老闆要求你做不喜歡或你認為多此一舉的事情時，當下會有什麼反應？通常最後會做還是不做？

判斷事情一定只有零和一的選擇嗎？有沒有灰色地帶？

如果選擇了灰色地帶，如何避免誤觸雷區？是否會嘗試創造出更好的可能性？

聽聽唐鳳怎麼說

「Podcast」這個詞出現前就已經有些專門經營者，而許多國外媒體也常用這種方式訪問我。近幾年來，由於製作工具的民主化，基本上只要有手機或者手機加個好一點的麥克風就能進行。

大部分可以不受地點限制，不像以前做廣播一定要到錄音室或需要非常好的錄音環境，現在只要後製能夠解決的，都不是問題。我覺得有點像用智慧型手機拍電影一樣，大家很願意參與Podcast，有想法的人就可以成為廣播電台的台長，不同的聲音出來，這就是民主的展現。

與預設立場好好相處

當然，想法和問題紛沓而來，但是與問題背後不同的預設立場相處是我的愛好，即使沒有最後的共識或共同價值也無妨。選每一邊站，以多視角包容不同意見，徹底了解各方立場（見「多視角」篇）。協作中除了包容外，還有協調的挑戰。

好比之前參加一個年度國際戰略安全論壇，討論全球秩序與威脅等課題，該群體的特色是討論不對外公開，發言的內容不具名，也不能傳出去。這與我過往參與活動的原則相違背。

我參與開放原始碼活動時，基本上所有討論都是透明公開的，就算只是一小群人討論，我們也會留下文字或影像的記錄，日後有新人加入時便能分享。像上述的論壇，不僅避免公開討論，還是閉門討論怎麼對付另外一群人，類似的情況我沒遇過，通常也不會參加這類活動。

但是，現在國際戰略社區裡面，台灣經驗非常重要，我不能因為不習慣這種開會方式就不參加。後來討論出一個折衷辦法，我參加視訊，討論時我所有的發言都不引述別人講的話，透過同一個鏡頭錄我自己的臉和聲音，然後僅公開我自己這部分。

從結構上化解問題

這個過程的折衷取捨兼具黑客文化中徹底透明的部分，但我並沒有要求論壇的其他人這樣做。在取得雙方共識後，論壇會議一結束，我講的每句話就已經公開上網，這樣等於在兩邊取得一個平衡。類似的情況，在我入閣之前是不需要花時間斡旋的。

其實這個求解的範圍非常窄，因為我只錄我的聲音，其他人雖然了解，但他們也會擔心，萬一我的發言中提到某某某講得很好，其實就破壞了遊戲規則，所以這是很需要互信的。一方面對方需要信任我不會破壞規則，二方面我也需要信任對方，不會因為我在過程中採取一種徹底透明的方式，而不讓我參加，或者在我面前就不敢多說話。彼此互信之下，我們取得雙贏。

折衷或化解問題在生活中經常發生。很多人知道我小時候在學校曾遭遇霸凌，對我來講，解決方式就是自發去了解霸凌我的人的想法，了解之後用一種新的方式與同學互動，不是往復仇方向去想，而是從結構上讓事情不再發生。

因為是從結構上去解決和回應問題，本來的感受已經昇華，不會停留在《基度山恩仇記》中「有恩報恩、有仇報仇」的個體層次，也能避免留下心理陰影。只要是停留在個人層次，或者擴大對特定群體的貼標籤與歧視，若以這類方式回應，只會加深心裡不舒服的感受，並且沒有讓自己變得更好。

從結構上去回應，可以促使未來不會再發生類似的事，而我在觸目可及範圍內從結構上進行新的行動，讓同樣的事情不再發生在我身上，且發生在其他人身上的機率也會降低。

別拘泥於「共識」

我寫過一篇文章〈樂趣之優〉，其中談到一個作法：「不求共識，只求創意」。這邊應該稱為「共識期」比較正確，因為「共識」有兩個意思，一個是我們有共同的認識（common understanding），但英文不會翻成「consensus」；另一個是我們共同對這個合約進行認識，這時候就不是對彼此而是對外面，也叫「共識」，因為彼此共同遵循。

不過，我要講的是不要追求大家都可以在合約上簽字的狀態，而是達到大家都不反對的情況就可以，如此才有創意的空間。好比我們之前討論Uber是否是共享經濟，首先如果要求很精細的共識，就要解決到底什麼叫共享經濟的問題。因為有人認為沒有共乘服務不能叫共享經濟，只能叫零工經濟、平台經濟；但另外一邊的說法認為共享的是他的時間，如空閒或上下班時間拿來賺點錢，類似時間銀行的概念。

「共享」兩個字對每個人來說，意思都不太一樣，在這上面爭吵永遠不會有交集，當時我們就不要求精細共識，因為十年也不會有結論，反而是很具體地討論個案：一個沒有職業駕駛執照的司機，他利用上下班時間繞路載陌生人，一天進行二十趟而且還收費，這種情況你怎麼看？

然後發現，大家都有一些不反對的想法，但也不需要合約簽字，最後就變成今天的「多元化計程車方案」，至於什麼是共享經濟，我們根本不去碰它。簡單說，不要拘泥於語言上面，因為無法定義出來，下一步就沒有辦法往前走！

捨的可能性

在台灣，我們將寬頻、通訊和教育、學習、健康一樣都視為人權，現在我們的關注點還包含5G、AI的作法，就是要確保即使在最偏僻的地方，民眾使用起來都能像是蒞臨現場一樣。

為什麼將寬頻擷取能力視為人權？這是一種民主，人民不論何種因素都有發聲的能力和權利。

我徹底透明公開素材、累積素材，還有一個因素就是其實現在我還想不到怎麼去用這些素材，但未來總有人想得到，這是為未來而開放。我並非指定了用途，因此自然就比較坦然，素材最後變Podcast、書、漫畫或其他東西，我都無所謂。

如果有人覺得對他有用就拿去用，不管是新聞、創作、出版、社群，或者有饒舌歌手將訪談內容寫成歌詞等，可以有各種作法。說不定從哪個塵埃裡，就開出花來！

【唐鳳語錄】

- 有想法的人就可以成為廣播電台的台長，不同的聲音出來，這就是民主的展現。
- 不要拘泥於語言上面，因為無法定義出來，下一步就沒有辦法往前走！
- 為什麼將寬頻擷取能力視為人權？這是一種民主，人民不論何種因素都有發聲的能力和權利。
- 素材可以有各種作法，說不定從哪個塵埃裡，就開出花來！

第四部／生活態度

關鍵詞12：閱讀

時間對待所有人都是公平的。夾在繁多事物中生存與生活的你我，不管是工作、學習或處理資訊，多半希望具備化繁為簡的能力，快速抓取重點，有效率地完成任務。

觀看電影《天能》

對於身兼數職的唐鳳而言，時間是最寶貴的，以她之前好不容易在空檔中觀看的電影《天能》（*TENET*）為例，可發現她萃取精華的本領。一部長達兩小時的影片，只見唐鳳用短短兩分鐘，言簡意賅道出重點。

採訪時，她不疾不徐地陳述觀看的過程與收穫。她說，在看這部電影的當下不甚理解，但就是先去感受。然後，她開玩笑地表示，等到睡飽十小時醒來後，便懂了，花了十小時，還加班了！（唐鳳強調：一天要睡足八小時！請見「自處篇」。）

眼前的唐鳳闡述著《天能》：時間順向和逆向穿插所產生的悖論，在電影中以「機械降神」的方式予以瓦解，如同古希臘戲劇，在人為無法解決的不合理之處，則靠神來處理。她認為，將這部電影看成奇幻，會比看成科幻來得容易理解。

兩分鐘，一言以蔽之，兩小時長度的電影所要訴說的全貌。

儘管演講、跨國會議、行政事務、公共參與及各種討論等，占據唐鳳每日近三分之二的時間，閱讀仍屬於日常的一部分，是她汲取養分的重要管道，她自忖：「礙於時間，多半看經典，而看劇本比看電影來得快。」

掃描式閱讀法

唐鳳曾多次公開介紹自己的「掃描式閱讀法」。

這種閱讀法就像「心智圖法」（Mind Mapping），都符合大腦結構的運作。閱讀時，先將全文掃進腦中，而腦細胞神經元上的突觸像是抓住關鍵字的爪子，找到思考的連結，進而形成脈絡結構。簡單說，就是繞著關鍵字不偏離主題，放射狀地聯想，依序有邏輯地思考，對整體有客觀檢視，並能快速產生正確判斷。

對多數人而言，即使不立即下判斷，在碎片化的時代也很難專注，因此經常是一邊看、一邊想。對此，唐鳳分析有兩種情況，一種是閱讀時，對作者的看法形成自己的見解，這是詮釋性想法。

另一種是自由聯想。當讀到某些文字時（例如小說），回憶起過去的情境，這是感受性的聯想。感受性的聯想能為閱讀增加色彩，但如果是詮釋性想法，閱讀者變成了共同作者，就未必用作者的見解來看事情。因此唐鳳認為，閱讀時應該先讀，不要急於下判斷。

一般人多半是看書看一遍沒搞懂，再看一遍或者許多遍，慢慢融會貫通，轉化吸收成自己的理解，但唐鳳的掃描式閱讀法是看一遍，重點在於不去打斷作者，看到一個段落去睡覺，醒來後思考，腦中比較會有一個完整脈絡。唐鳳觀察到，很多人閱讀時，看個兩三行就在自己的腦裡跟作者吵架，開始有詮釋性的東西出現。

讓睡眠助你一臂之力

「不是圖像記憶，是讓大腦自由，讓你的心神去契合閱讀內容的結構，」唐鳳剖析：「就如同我們寫程式者看別人的程式碼時，絕對不會在腦裡面發出聲音、字斟句酌對方所寫的程式碼，因為別人編寫背後有一個意念在，你要去除自我對話並跟著那個意念。很多人看程式碼的時候，也是用掃描的，因為重點並不是這一行程式碼，而是它的架構。」在別人眼中看似神奇之處，唐鳳拆解了箇中意涵。

她也強調，當然會區分小說和非小說的閱讀。非小說啟動的是掃描模式，掃描完後去睡覺，醒來大致脈絡就記得了；小說的話就是去享受它，有點像在腦裡放電影，隨著進入情境，或者像看樂譜，內心響起音樂旋律。兩種閱讀方式截然不同。

唐鳳分析箇中利弊，「壞處就是，有些不是完全知識性或完全休閒性的書籍，在知識性的內容中，一些文筆優美或詩意的地方，若用掃描模式去看，就會丟掉這些部分，只有概念，但是細節沒有了。所以還是要看閱讀書籍的目的。」

在採訪現場，唐鳳記憶力之好，令人印象深刻。即使到了第四、第五次訪談，提及第一次見面討論到的問題，反而是她先一步想起當時的脈絡。有趣的是，每次訪談結束後，我們會整理素材、轉成逐字稿，而唐鳳晚上回到家則是重聽當日訪談、覆讀一遍，她說：「我等於在背我的逐字稿。」透過唐鳳的解釋，了解到她記憶力好的原因，而為了公開內容的精準度，她還會在睡前校對訪談內容，如她所言，睡一覺後透過大腦的運作大致上就記起來了。

我們呢？

工作任務一個接著一個而來，我要如何化繁為簡，有效率地達成目標？

在時間壓力下，如何保持專注並做出正確判斷？

閱讀時，是否能夠真正理解作者要傳達的內容，還是總以自己的想法去讀？

不管閱讀什麼書，一翻開就一直讀下去嗎？是否意識到自己是怎麼閱讀與理解、吸收的？嘗試過不同的閱讀方法嗎？是否找到了最適合自己的閱讀模式？

曾經留意到在自己的閱讀學習與睡眠之間，有什麼特殊的關聯嗎？

如果不喜歡閱讀文字，是否就完全放棄閱讀這件事？有沒有其他可能的替代方案？

我們除了文字與書籍，還可以「閱讀」什麼？

聽聽唐鳳怎麼說

對我來說，不太有時間看電影，看劇本會比較快。閱讀大量的文字資料是我的日常，至於怎麼樣在大量的閱讀中抓住重點與脈絡，最重要的就是專心聽，閱讀文字、與文字對話也是一種傾聽；文字以及與他人的對話，都是閱讀的素材。

閱讀練習的第一步：不要打斷作者

如何大量先輸入而不急於下判斷？這是可以練習的。當對方正在說話，你可以練習先聽對方講五分鐘，而不是急於用腦下判斷，這對許多人來說很困難，但至少不要打斷對方的說話脈絡，這相對來說比較容易。

同樣的，在閱讀文字資料時，假設一本書厚達好幾百頁，我會一口氣先看兩百頁而不打斷作者的敘述歷程，看完之後再去想重點。因為如果你看到第二十頁時，腦中立刻升起一個判斷，就如同打斷閱讀輸入的節奏，當你讀到第二十一、二十二頁時，你已經是在拿閱讀到第二十頁形成的成見，來理解第二十一頁之後的內容，這時候就很難抓到重點了。

為什麼？因為你已經被前二十頁錨定了，這可稱為「錨定作用」或「錨定效應」。（編按：傾向以先前取得的片斷資訊作為錨點，快速做出決定。過度利用錨點詮釋其他資訊與下決定，容易造成當局者迷。）

所以，在我的閱讀過程中，如果是好幾百頁的書籍，至少會先看完兩百頁。

這與傳統所謂的大量閱讀不太一樣，大量閱讀的概念是閱讀本身就是好的，而我的觀點在於書寫的敘事者（作者）有自己一致的意念。如果你在讀完之前，就先去想那個意念是什麼，那是「腦補」，大概都是你自己本來的意念，而不真的是敘事者的意念。很多人閱讀時，並不是讓作者對他說話，而是自己心裡會有聲音在說話。

況且，幾百頁的內容，怎麼可能看二十頁就知道作者要講什麼，所以不要自以為是馬上下判斷。不敢自以為是，至少要看完兩百頁的內容，再去抓重點，因為這個時候你才能掌握到作者腦中的設計完整性（design integrity）或一致感，抓重點就會突然變得很容易。不要過早下判斷，這是最重要的。

長期記憶是在劃重點

目前，我多以數位形式進行閱讀，就算只有紙本，也會用自動掃描機掃描後，再以OCR（Optical Character Recognition，將圖像般的中文字轉成電腦能識別的電子訊號）轉成數位檔，方便日後全文檢索。

多半我是透過平板電腦與觸控筆閱讀，以之前讀《認知的不正義》為例，閱讀時螢幕一次呈現兩頁的內容，一頁快速掃過（skimming）停留的時間大約兩秒，兩秒乘以兩百頁，就是四百秒，不到十分鐘。所以，一口氣閱讀兩百頁而不立刻下判斷，真的可以辦到。

閱讀每一頁時，每一行字都看到，雖然不是一個字、一個字地看，但視線一直在掃描，也不會把字唸出來，重點還是心裡不能打斷它。如果心裡打斷它的話，我也記不得讀到的內容，只會記得我打斷的部分。如果你想練習，不建議一下就選長篇文章或很厚的書，可以先從短短的一頁A4開始。

看完之後，就去睡覺。第二天醒來，想著之前讀到的內容，自然有些關鍵字浮上來，並在腦中形成一個結構。因為人在睡覺的時候，會將短期記憶裡的印象、未來用得上的東西，寫進長期記憶中，這是一個劃重點的過程。

關鍵字、結構脈絡與檢索

這不是圖像記憶，我不會記得字的大小、顏色，而是記得關鍵字，以及它們之間的關聯。人寫進長期記憶的方式靠聯想，也就是當我想到關鍵字、畫面或影像等，就形成一種有結構脈絡的連結。我很依賴全文檢索，我會記得某個概念與某個概念有關聯，但如果沒有全文檢索的功能，例如紙本書籍，就無法快速回到那一頁，因此對我而言，這種閱讀方式要靠全文檢索才能進行。

如果我要對其他人說明《認知的不正義》這本書，我就會用全文檢索的功能追溯關鍵字，找到書中的內容根據。由於我的腦中已經有了結構，當我去調取與這個結構相關的資訊時就比較快速，且是隨機存取（random access），想到什麼就可以直接跳到那一頁，不是循序的，所以利用檢索很快能找到我要的內容。

這可以說是批次地在閱讀，好像傳真機，進紙之後，紙就可以拿走，撥號後慢慢靠著訊號傳過去。我的意思是：不是不能下判斷，而是閱讀到一個段落後再下判斷。就好像對方已經準備好一段話要跟你講，但如果才講前兩句，你就打斷他，這樣是沒有辦法知道對方真正的意思。就算你說「我懂」、「我懂」，那都是假的，是腦補，是虛幻的。

也不是說一定要讀完一整本書才能下判斷，但至少到一個段落、一個章節，或是一個主要論點完成，那會是比較客觀中立的判斷。通常在不打斷的情況下，完整理解對方或者敘事者的脈絡後，下判斷就是一件容易的事情。

從閱讀到行動的捷徑

下判斷之所以困難，是因為心裡有很多不確定性，不知道什麼情況才是好的。愈需要心證的部分，就愈難下判斷，因為沒有客觀資訊佐證；如果一開始不急於下判斷，而是等客觀事實以及各方感受都非常清楚了，自然可以快速做出判斷，因為火候已經到了。

如同蒸籠正在蒸的時候，若是每五分鐘很焦慮地去打開一下，自然永遠沒有蒸好的一天。閱讀後形成脈絡，不僅能夠重建討論，更好的狀況是討論後能夠召喚行動。

就像決定振興經濟時推出三倍券的方案。確實有很多朋友會問，為什麼不發現金？這在當時是最難決定的一件事情。日本就是發現金紓困，雖然一開始透過網路申請碰到一些障礙，但經過戶政事務所人員用手填報協助民眾，大家都收到紓困金。後來證實，發現金的方式讓民眾的儲蓄增加，但消費反而減少了。雖然有紓困效益，卻沒有達到振興經濟的效果。

我們希望民眾能夠出門，當時的判斷奠基於了解到，大家想要領現金的感受，但又意識到，我們真正的目的是要讓零售業、小吃店、市場攤販等業者有溫暖的感覺。這種溫暖的感覺，是在民眾帳戶裡放多少錢都無法得到的，要大家真的走出去消費才有用。乍看之下，這個決策好像是快速下判斷，但其實很好判斷，因為事實與感受都充分搜集到了！

【唐鳳語錄】

- 與大量閱讀的概念不太一樣，我的觀點在於書寫的敘事者（作者）有自己一致的意念。
- 如果你在讀完之前，就先去想那個意念是什麼，那是「腦補」，大概都是你自己本來的意念，而不真的是敘事者的意念。
- 閱讀時，不要過早下判斷，這是最重要的。
- 人在睡覺的時候，會將短期記憶裡的印象、未來用得上的東西，寫進長期記憶中，這是一個劃重點的過程。
- 愈需要心證的部分，就愈難下判斷，因為沒有客觀資訊佐證；如果一開始不急於下判斷，而是等客觀事實以及各方感受都非常清楚了，自然可以快速做出判斷，因為火候已經到了。
- 下判斷，如同蒸籠正在蒸的時候，若是每五分鐘很焦慮地去打開一下，自然永遠沒有蒸好的一天。

關鍵詞13：自處

《中庸》有句：「莫見乎隱，莫顯乎微，故君子慎其獨也。」意思是，沒有比身處於隱暗的地方更暴露，沒有比細微的事情更顯著，因此君子獨處時特別小心謹慎。這也是「慎獨」二字的出處，指自己一個人時，仍能保持清醒、慎重行事。而在眾聲喧譁的今日，要找出時間與自己好好相處，甚至在孤獨中得到力量，不僅是一種本事，更是高度自律的表現。

孤獨的快樂

年齡漸長，不可能隨時呼朋引伴找人陪，且隨著社會變遷，人際關係也不同於以往，愈來愈多的時候，我們要一個人去吃飯、一個人去上課、一個人去運動、一個人去逛街，許多事情需要練習自己一個人去面對。此外，不管是在台灣或日本，民眾的平均壽命持續增長，不難想見，年老後很有可能得面對一個人的孤單。

一個人的自處，在現代社會中已是普遍的事實與現實。英國精神科醫師安東尼・史脫爾（Anthony Storr）在其著作《孤獨，是一種能力》（*Solitude: A Return to the Self*）中指出，自處可培養想像力，有助於大腦的整合，發揮天賦與潛能。著名小說家卡夫卡、音樂家貝多芬、德國哲學家康德、語言學家維根斯坦和科學家牛頓等，他們在創作與思考高度抽象概念時，透過長時間自處的孤獨，維持高度專注力，創造出與眾不同的成就。

懂得自處還能帶來快樂。英國小說家約翰・考柏・波伊斯（John Cowper Powys）就曾說：「我們愈老便會愈孤單，這表示，喜歡孤單（跟自己相處）的人，老後快樂會增加。」懂得自處能讓思緒清澈，多一份安心，自然不因一個人的孤單而被恐懼吞噬。

對於穿梭於工作、家庭、繽紛外在世界的大多數現代人來說，要找到一個人好好自處的時間就是一項課題，但它並不是個難題。唐鳳從小能夠自己跟自己相處，在自學時期，她取得母親李雅卿的同意與老師們的協助，準備了簡單、可以自行打理的三餐食材，在新店直潭山區一間小木屋度過三週的閉關之旅。

那段一個人的時間，唐鳳居住的小屋中僅有簡便的罐裝瓦斯爐用來煮熱水、泡麵。屋中並沒有燈，她白天以日為光，看書、觀自然，晚上時，月光穿透小屋，陪伴在旁的是溪水、蟲鳴鳥叫聲，她只跟自己對話，只跟大自然談天說地。也因為在如此寧靜之處，讓求學以來常與社會主流價值衝撞的她，能夠抽離世界的雜訊，一縷一縷像剝洋蔥般，向內心最深處探索「我是誰」的答案。

給自己空間與時間

唐鳳說：「現在因為身分關係，常會大量與人對話，如果是自己一個人，一天不說話也可以。」

思考通透，一體適用，跟自己相處對唐鳳而言已成自在。第一次貼身採訪，地點在行政院唐鳳辦公室，到達後準備工作器材時，轉頭看見身穿深藍色衣服、高一米八的唐鳳，從辦公室內的小房間出現。那是她工作有需要時可以休息的地方，就隱藏在一片書櫃後面。這個畫面相當有趣，我戲謔地說：「那是不是哆啦A夢的任意門？」

唐鳳也配合「演出」回應：「我從抽屜冒出來的。」她說：「入閣後，一個行程到下一個行程中間，可能會在裡頭（指小房間）。不做什麼，就是冥想。」儘管有些玩笑話，但對於行程滿檔的她來說，那正是一晃眼從少年轉身到最年輕數位政務委員的她，日常中少許擁抱自處的時空。

在多次的對話中，我也領悟到唐鳳提倡一天要睡足八小時的言外之意。這八小時包含了養精蓄銳、睡到自然醒的休息，更多指的是「留給自己的自己」，以及用來閱讀、思考，或者就是安靜自我對話的空隙。

令人沉味的是，對比今日她出席公共場合演講或接受採訪，總是有條有理地侃侃而談，問及當年在山區小木屋中她是否能一天不說話，唐鳳的回答很有趣：

「有一種反差萌！」然後，點點頭，不言而語間，已經說明了她的自處能耐。

我們呢？

忙、茫、盲，總是繞著別人轉，擠不出自己跟自己好好相處的時間？

過慣了跑馬燈般的生活，一個人獨處時突然不知所措？

每當處於一個人的空間總感到焦躁不安，該怎麼辦？

自認為很能自處，但只要一個人時，就是滑手機持續與外在世界互動，這樣真的有把寶貴的時間留給自己嗎？

喜歡享受自處時光，這樣在群體中容易被邊緣化嗎？還是與人互動的品質會更好？

聽聽唐鳳怎麼說

雖然說，我的工作是透明公開的，這是個人原則，但我仍然有下班時間，睡覺的八小時並沒有直播。下班就下班，我覺得工作與休息兩者可以分開。所謂的透明性是奠基在扣合公共利益的核心價值上面，個人睡眠的那八小時，沒有公共利益可言，當然也就不需要運用透明性的原則。

數位時代的慎獨

下班後的時間，不管睡覺或者做其他事情，就是我自己跟自己相處的時間。每個人睡眠時間的需求不同，我是八小時，有人可能是十二小時，必須自己找出平衡。

我認為，獨處的時候要特別謹慎。

為什麼我大部分不使用觸控螢幕，都是隔著一支筆、一個鍵盤，或者隔著一個鍵盤再加上一支筆，用這種方式操作電腦來閱讀、瀏覽文件，就是希望獨處的時候是以我當下的狀態為出發點，而不是讓大腦誤以為觸控螢幕是手的延伸，以為螢幕是我正在行動的一部分。如果這還內化成一種狀態，下意識滑動電腦或手機螢幕，且由此出發進行思考或閱讀，那我就不是一個有意識的行動者，這樣的我並不會看到新的東西。

因為下意識的滑動，不管滑什麼，幾乎一直會得到新的刺激，我覺得這種情況下不是真正的獨處。從螢幕跳出的種種訊息，會讓我感覺自己彷彿在被餵食飼料、被飼養。對此我很在意，由於人在獨處時，滑手機很常見，這等於被剝奪掉獨處的時間，進入一個非同步但仍是社會性的狀態。

真正的自處可以練習，就是不要用手滑螢幕，可以去聽一些比較沒有侵入性的音樂。我所謂「侵入性」的意思是說，一個訊息迎面而來，立刻要求你進行某些行動。如果一個人時一直滑手機，螢幕上不時跳出「限量不買可惜」或打折的廣告等等，可以說你又進入一個具有行動力或創造力的社會性狀態，儘管一個人，但等於沒有獨處。

享受宇宙中一個人的時光

一個人時，聽一些不會叫你去行動的Podcast或音樂，我覺得很有助於放鬆。我會聽自己熟悉的音樂，這樣閱讀時只聽到旋律，不會被歌詞干擾，也能專注在閱讀上。

通常我跟自己相處的時間是在睡前或剛醒來。實際上，睡眠也是一個人的時段，而且不會被中斷。如果覺得人際往來一直損耗自己的精力，你每天就要睡夠，這可以將耗損的精力補回來。比較令人擔心的是，為了要迎合其他人的時間，導致自己睡不夠，這就有點像是欠高利貸，隔天與人相處時，更可能會精神不濟。

自己跟自己相處，可以讓我保持我的觀點，因為思想形塑是在睡眠中達到自我一致（self-consistent），也有人翻成「自洽」。達到自我一致性，我反而不用花很多時間去維持整體結構（思考或生活）的平衡，因為透過閱讀已經在梳理脈絡了。其實生活經驗也是一樣，我第一次看VR的時候就是一個人，視角是從國際太空站望向銀河，很安靜、絲毫沒有孤寂感，反而有種得到啟發與靈感的感覺……

【唐鳳語錄】

- 獨處的時候要特別謹慎。
- 從螢幕跳出的種種訊息，會讓我感覺自己彷彿在被餵食飼料、被飼養。
- 真正的自處可以練習，就是不要用手滑螢幕。
- 自己跟自己相處，可以讓我保持我的觀點，因為思想形塑是在睡眠中達到自我一致（self-consistent），也有人翻成「自洽」。

關鍵詞14：死亡

從老子到海德格

東方思想家老子的《道德經》闡述了宇宙萬物的規律，並提出「道法自然」的主張。《道德經》中並沒有對生死的直白描寫，而有大自然透露給我們的重要訊息。例如一般常識認為，活著就要堅強，柔弱並無助於生命，但《道德經》「人之生也柔弱，其死也堅強」點出，我們活著的時候，身體是柔軟的，死亡後才變得僵硬。草木也是如此，有生命的時候，枝葉柔脆，死亡後才變得枯槁堅硬。因此，柔弱是與存活相連的。

《道德經》也說：「夫物芸芸，各復歸其根。」萬事萬物都生機勃勃地發展著，但最後還是會回歸到最初樣子。存活必然歸向死亡，這是不變的法則。接受死亡就在生命中，才能擁有符合自然與「道」的完整生命。

在西方，哲學之父泰利斯（Thales）提出了大哉問：「存在為何？」開始思辨存在興滅的源頭。近代哲學家斯賓諾莎（Spinoza）則認為，個人與世界的必然秩序是精神的自由，對他來說，普通個體只是偶然的存在，十九世紀哲學家黑格爾（Hegel）將這樣的概念推到極致。二十世紀哲學家海德格（Martin Heidegger）在其重要著作《存有與時間》（*Sein und Zeit*）中提出了「向死而生」的觀點，他認為：死亡能令我們思考生命意義。

唐鳳的生命主張

從小學習全真派氣功、博覽群書的唐鳳將死亡的意義歸結一句話：「（你）登出時的世界比登入時的更好。」聽起來是數位移民唐鳳會說的話，背後有著深厚的生命底蘊。

三、四歲時，唐鳳知道自己有先天性心臟病，一度還曾用上葉克膜與死神擦身而過，這段生命經驗讓她體悟到：軀殼只是思想的載體，而我們可以選擇如何發揮這個載體的功用。

這是唐鳳很重要的主張。她所做的一切，從把自己的身體照顧好開始，都是為了讓思想進入所屬靈魂，將值得傳誦的生命故事與公共利益傳遞給未來的世代。她常將一句話掛在嘴上：「說故事的壽命，長過人類的壽命。」就在一次又一次的傳播過程中，這個信念將得以實現。

我們呢？

在自己的生命經驗中，曾經接近過死亡嗎？

從這樣的經驗中，對生命有什麼不一樣的體悟？還是只想避開，盡量不去談論它？

對於自己「登入」時的世界，你有怎樣的認知？

對於自己「登出」時的世界，又有什麼想像與期待？

為了這個想像與期待，個人有哪些具體的作為呢？

有什麼故事想要傳播給世人以及下一代？

聽聽唐鳳怎麼說

時時刻刻的威脅

先天性心臟病的因素，我在十二歲動手術以前，每天入睡後都不知道自己明天醒不醒得過來，時時刻刻要跟這種朝不保夕的感覺相處。

我一個人的時候，不會有心跳過快的情況，因為能保持心情穩定；但與人相處的時候，偶爾會要頻繁地深呼吸，好讓情緒不起太大的波瀾而影響到生理，這些都是求生本能。先天因素讓我在有意識的情況下學會了練習面對死亡，我不覺得看一本書可以有這種態度。

小時候，我只要心跳速度一快就會昏倒，所以既不能非常生氣，也不能非常開心，這是第一個衝擊。也因為這樣，透過練習氣功等方式，每次遇到很激動的情況時，幾乎是反射性的，可以快速在心裡產生一個空想，讓情緒快速過去，不讓身體倒下。

簡單來講，為了要讓這個身體存活，首先，我必須保持它相對穩定的狀態；再者，即使它不幸進入不穩定的狀態，我要有一套方法能瞬間或至少在一小段時間內恢復穩定，不然一醒來又是在加護病房。

每天練習面對死亡——好好睡覺

每個人終其一生，必定要面對死亡，而我們每天都有機會練習，就是睡著、睡飽的八小時。在那八小時中，我們與世界沒有什麼互動，世界也在沒有我們的狀況下運行，情況類似於死亡。從世界的角度來看，這時我們不是一個行動者，也收不到世界的訊息，就像是死亡了一樣。

因為從小身體的因素，我覺得睡眠與死亡相似，所以會有一點不太想睡覺，珍惜醒著時候的每一分鐘，總有一種心願未了，想要去完成的感覺。但是後來發現，如果醒著時把心願了結，就可以睡得好。

正面擁抱死亡，至少安然瞑目。睡前把心事放下來，這是任何人每天可以練習的。正所謂「今日事今日畢」，事情處理好了、email都回完了，或者先記下來明天再處理，好好放下、好好睡覺，沒有罣礙。這對創新也有好處，因為當心願都了結後，創新的想法才有機會進入那個空間。不然，隔天就還在重複前一天沒做完的事情，或者只是重複前一天做事的方法而已。

因此我覺得，就算不把這種行動當作擁抱死亡或面對死亡的練習，而是在心裡保留創新空間，也是很正向的作法。如果覺得不容易放下，就多多練習，每天好好睡覺就是一種練習！

未來的墓誌銘

大概三、四歲時，醫師告訴我，如果我活不到開刀年紀的話，有五十%的機率會掛掉，從那時候起我就開始練習面對死亡。幸好後來手術完成，恢復了健康，但如果沒有這樣迫切的經驗，恐怕也不容易做到。

這種自己看待自己不在了的情境，讓我產生沒有自己可言的想法，所以不會怕死。我只是思想的載體，但從登入（出生）到登出（死亡）的這段時間，我可以讓世界更好，並且讓好的想法傳播出去。

當我登出那天，未來的墓誌銘上面，要留一句什麼話嗎？我曾想過，不用特別寫什麼，留一個「全形空白」就好了。這是一個笑話，全形空白是寬度與高度相同的一個空白。一個方形墓碑上面，什麼都不要刻，立方體也可以。

簡而言之，我的主張是：登出時候的世界要比登入時候的世界更好。這是普世的概念。所謂「人之將死其言也善」，不同文化中都有類似的表述。一個人只要在死前能夠告訴自己：我沒有白來，我讓世界比我來的時候好，那就可以瞑目而死，這是各個文化裡共通的想法。

在「登入」與「登出」之間

如果放不下，就表示還有一些事情要做；但如果什麼都沒有處理，就忽然放下了，身旁的人會感到很困擾。因為從旁人的角度來看，好像是這個人提早登出了。自殺就是強制登出！自殺雖然不同於謀殺，但留下來的人要花很多時間整理。因此，我認為如果還有放不下之處，那就繼續活著，慢慢地把關係經營到讓自己與大家覺得你活著蠻有意義的情況，而每天睡前還是可以練習放下，兩者並行不悖。

這是永續的角度，讓自己或他人在登出時比登入時留下更多美好的事物。例如我從一個人身上學習到什麼，幫他繼續做這些事，也讓世界上其他有需要的人過得更好，這麼做會比特別去厚葬他更重要。

我外公一百零幾歲離世，有一天他吃得比較少，過兩天睡著就沒有醒來，（死亡）是非常自然的事情。所以，假如我明天就死了，怎麼辦？那就死了，不用去想這個了。我不會有遺憾，我是在欣賞的途中死掉，那也是在欣賞的路上。本來，人遲早要登出，登出就登出！

超越個體，參與公眾

死亡之前，是老去。以我們家族的經驗來說，大家平常就有共同參與社會事務的習慣。找出讓年長者覺得自己有貢獻的方法，不管是分享他們的智慧、擔任業師或社區營造舵手之類。像我阿嬤現在快九十歲了，她有個七十七歲的年輕朋友楊奶奶，之前在進行口罩實名制的過程中，我都會去請教她們的意見。對她們而言，可以為社區事務或國家政策做出一些具體貢獻，明顯有年輕感。

這就是一種被社會需要的感覺。如果只是被特定某個人需要，當那個人登出時就會非常空虛。找到參與社會的方法而被社會需要，不受年齡所拘束，不然的話會很快進入石器狀態，這已經有明確的學術證據，也是永續的概念。不管年紀多大還是能參與社會，這樣才實際能讓登出時的世界變得更好。

重點是我們願意放下自己，感覺到自己是（整體）拼圖的一小塊，而不是光談藍圖。我覺得有一種講法很美：我們都是彼此的轉世。我死後可能就變成你，抽離掉從小到大只照顧自身這個個體的習慣，一旦超越了，不管你是因為相信什麼而超越，都不是很重要了。

要相信的是：登出時的世界比你登入時的更好。

【唐鳳語錄】

- 每個人終其一生，必定要面對到死亡，而我們每天都有機會練習，就是睡著、睡飽的八小時。
- 在睡著的八小時中，我們與世界沒有什麼互動，世界也在沒有我們的狀況下運行，情況類似於死亡。
- 從世界的角度來看，睡著時我們不是一個行動者，也收不到世界的訊息，就像是死亡了一樣。
- 正面擁抱死亡，至少安然瞑目。
- 睡前把心事放下來，這是任何人每天可以練習的。正所謂今日事今日畢。
- 當心願都了結後，創新的想法才有機會進入那個空間。

- 我的主張是：登出時候的世界要比登入時候的世界更好。
- 找到參與社會的方法而被社會需要，不受年齡所拘束，不然的話會很快進入石器狀態，這已經有明確的學術證據，也是永續的概念。

關鍵詞15：快樂幸福

古希臘時期的伊比鳩魯學派以快樂主義倫理觀廣為人知。

在當時約分成三派想法：一、自然而必要的快樂，如吃飯、睡覺；二、自然而不必要的快樂，如性慾；三、不自然且不必要的快樂，如虛榮心。創始者伊比鳩魯（Epicurus）倡導快樂為人生唯一的目的。他所理解的「快樂」（hedone），並非短暫的感覺，而是一種終身受用不盡的愉悅，是捨離暫時快樂的結果。一個人若能心靈寧靜且怡然自得，在精神和生活實踐上皆有意義，例如個人之德和友誼都有助於獲得這種「快樂」。

快樂從哪裡來？

點進唐鳳的公開工作記錄網站PDIS，可發現行程滿滿，演講、訪談等占據了許多時間，還不包括行政公務。她將一次次的對話視為可創造公共利益「共創內容」的歷程；問及日常愛看的書籍，她侃侃而談；聊到喜歡的饒舌音樂，她愉快地哼了起來，歌詞倒背如流。

談起日常愛吃的食物，她不假思索地回答：「碳水化合物、蛋白質跟脂質。」彷彿吃的是「化學分子料理」！她告訴我們，每天可以穿同一套衣服，一如每次到她辦公室訪談時，總見唐鳳穿著由環保回收所製成的藍染襯衫，搭藍色外套、黑長褲，對此她莞爾一笑強調：「每天都有洗的。」

不管是對工作或生活的陳述，可以觀察到唐鳳十分重視精神食糧，那也是她口中「法喜充滿」（Eudaimonia）的快樂泉源。近四十不惑之年的唐鳳，笑稱自己已經「退休」，基於一份取之於人、用之於人的回饋之心，她放棄了著作財產權，也放棄了行使著作人格權，面對各式各樣以她為哏、二次創造的廣告文宣，或者「唐鳳」一詞從名詞變成動詞，她都用一種欣賞的態度對待箇中創意。唐鳳心中已「無我」，對於外界的干擾，她淡然處之。

什麼是「法喜充滿」？

德國哲人尼采提出「超人」理論，意指無休止探索自己，進而達到自我的超越，其實就是說做人要有積極的思想，方能得到真正的快樂。這樣的理念跟唐鳳感受到的「Eudaimonia」不謀而合。她將自己「捐」出去，而達到公共利益是旅程，自己從中獲得精神面的滿足感，這是積極的自我超越，也就是「法喜充滿」。

法鼓山對於「法喜充滿」的解釋如下：「『法喜』又稱『法悅』，簡單來講就是聽聞佛陀的教法後，因對佛法有所了解、領悟而心生喜悅。」在佛教的觀點中，「法喜充滿」是指透過佛法淨化人的內心，從而產生喜悅快樂的感受。

乍聽之下好像落入宗教信仰，然而仔細想想，生活中總有不經意的一刻，也許聽見一首歌、翻閱一本書或讀到一句話，或只是在無光害的高山上瞧見滿天星斗，抑或撞見一幅令人感動的畫作，就讓自己突然醍醐灌頂般從腦門到心門貫穿一股安靜的力量。這是法喜充滿，也是快樂，是剎那間的平凡與簡單。對許多人來說可能是吉光片羽，對唐鳳而言，它是一種持續的「法喜充滿」。

我們呢？

身為學生，學校功課總是做不完，下課後還要去補習，每天的生活充滿焦慮不安，該怎麼辦？

身為上班族，一天到晚被績效追著跑，天天加班到夜晚才回家，生命中到底什麼才是重要的？

工作朝九晚五，庸庸碌碌，雖然賺到錢，但年少時的夢想卻已遙遙無期，中年的你快樂嗎？

年齡過了半百，眼見退休金尚差一大半，後半輩子還能幸福嗎？

你的生活中曾經（或經常）冒出這種時刻嗎？在看似平凡無奇的事物中感受到一股無比單純的快樂。

你知道自己快樂、滿足或幸福的來源是什麼嗎？

聽聽唐鳳怎麼說

我的快樂是Eudaimonia！

對我而言，快樂就是「Spirit」，古希臘文是「Eudaimonia」（編按：有多種翻譯，也譯為「幸福」〔Happiness〕，指一種深沉的滿足感〔Fulfilment〕，受到柏拉圖與亞里斯多德的推崇，但不等於今天世人所說的幸福）。蘇格拉底的講法是最貼切的，他認為身體包含大腦，只是一個載體，被「Daimon」所充滿。實際上在起作用的是「Daimon」，就是共有靈（編按：「Eudaimonia」中間是「Daimon」，「Eu-」表示優質、好的、善的），而身體只是短期享受，不算真正的開心，每個人接觸「Daimon」方式不一樣，介面不一樣就有不同的詮釋。

借用宗教的詞彙，「Eudaimonia」勉強可以翻譯成「法喜充滿」，它接近宗教上所形容的感覺。近來有這樣的經驗是在誠品董事長吳旻潔來訪時的對談，就好像是同一個「Daimon」，而雙方都是載體，一起共鳴很開心。

一方面，我們兩人討論到人只是思想的載體。對我來說，這輩子就是活到上一刻，感覺這輩子已經過完了，因此這一刻僅是遵守一些機制（mechanism）的生存。如果硬要維持一個連續性，好像會錯失每個當下的可能性。但是，難道我們不會感覺內在有什麼非得完成不可嗎？難道內心的需要與期望等等，不是連續性的主幹嗎？然而對我來講，因為我是活到上一刻，所以我下一刻的可能性是完全開啟的，並不受到上一刻的各種期待或欲望所牽制。

也因為如此，別人對我的攻擊，我全部把它看成「語料」，語料就是在做機器人的語言材料，「原來語文可以這樣用啊」、「啊，這是一個哏，不錯」，自然不會受到影響。

另一方面，當時正在做公用的電商——口罩2.0版本——那也是誠品電商轉型的時刻，所以我們彼此的對話不是玄談，而是有實際落實的行動，解決方案也與世界連結。這讓我感到滿足，能夠跳過享樂那個部分而感到幸福（Eudaimonia）。過程中間也會產生一些愉悅，那很理想；即使沒有的話，我還是能感到滿足，因為那是內在的，不是靠外面來肯定。我不需要花時間去等別人肯定，可以保持在一個促進目標實現與共同關係的心態裡。

載體的超級任務

其實，我們也只是思想的載體而已。這怎麼說呢？

從著作權法的框架來看，因為我放棄了著作財產權，放棄了行使著作人格權，確實我感覺自己就像已經死了五十年，因為在台灣死了五十年後就不能再主張自己擁有著作財產權；若今天我到美國，可能已經死了七十年。我確實像在跟那種「我已經死了很久」的感覺相處。

因為我只是載體，思想才是真的，我只是其容器。儘管我是一個容器，還是要挑選裝什麼，以及怎麼用。我知道自己可以增加某些思想的傳播力，我的作法很簡單，就是讓登出時的社會可以比我登入時的更好，能夠讓下一代子孫更好的，就增加其傳播力。

之前我會覺得，如果自己都沒有了解自己，沒有想清楚對話時問與答之間語言的精準度，那我去奢求別人了解，是不太可能的，這願望本身就帶有矛盾。但是反過來講，一旦想清楚了，本來「我」就只是思想的載體，我準備好了，思想就進入我，自然也沒有什麼需要別人了解的，因為它只是從其他先了解的人身上傳到我身上，就是增加思想的基本傳染數。

思想傳染出去了，我不過是一個帶原者，自然沒有命名的欲望，如此一來，也沒有被了解與否的問題，因為我是一個載體。

苦與樂

從我的角度來看，苦、樂都很重要。苦是在告訴你，這種情況不能再繼續下去，不然你會喪失基本功能。如果你覺得狀況是痛苦的，還一味忍受它，不但不會更堅強，很可能因此喪失能動性。會感受到痛苦是很重要的，就好像有人燙傷不會痛，那很容易死亡，因為內部的警報器不作用了。

同樣的道理，快樂也是在告訴你，能滋養你的東西會讓你的狀態變得更好。只是說，當狀態更好的時候，快樂很快重新調節，讓你覺得這是應該的，所謂「不知足」大概就是這種狀態。但這是對的，因為如果你一直很快樂，就不會想去嘗試新的事情。

苦和樂，兩者都很重要。如果持續不斷快樂，不會有什麼創作或移動的動機，整個社會或者演化大概沒辦法發展下去；如果是持續痛苦，沒有真正去面對它，同樣不行。佛陀第一次說法後，很多人覺得人生很苦而去自殺，於是他改了一下課本，要不然聽佛法的人都去自殺，也不會有佛教了。

所以，不苦不樂，我覺得這是最主要的狀態。

最開心的一件事

十四、十五歲時，在閉關之前，對於所謂的學歷、成就之類的事，自己腦裡還是會有不同的聲音和想法，而幾乎所有的親人、朋友也都有不同的意見；閉關結束之後，我的想法或說主見比較一致，不會像是內心在天人交戰，等於是跟自己達到和平的境界了。

成為政務委員之前感覺到最自由、開心的時刻，就是當年讀北政國中時，杜惠平校長對我說：「你明天不用來學校了。」那是一種完全解放的感覺，因為從那一刻開始，我的身分就不再是一個「中二」學生，而是網路上的貢獻者。

在那之前，我只有下課後可以貢獻，上學時必須跟著學校的節奏走，等於一天醒著的十六小時是被課堂學習所卡住，只有一半的時間可以貢獻（所學）。我不用到學校之後，全部時間都能拿來貢獻，當時真的很開心。

我十二歲時接觸到網際網路，十四歲、十五歲時就已經開始貢獻。思想、理念與行動，這中間可能僅差一、兩年而已！入閣後，我對自己的定位範圍又更廣了，不只在網路而且擴展到實體世界。能夠貢獻實際上帶來一種滿足感，自己會覺得：登出時的世界又比登入的時候好一點，這是很開心、幸福、快樂的，還有滿足感，是一種「good spirit」。

【唐鳳語錄】

- 別人對我的攻擊，我全部把它看成「語料」，語料就是在做機器人的語言材料，自然不會受到影響。
- 我不需要花時間去等別人肯定，可以保持在一個促進目標實現與共同關係的心態裡。
- 其實，我們也只是思想的載體而已。
- 我準備好了，思想就進入我，自然也沒有什麼需要別人了解的，因為它只是從其他先了解的人身上傳到我身上，就是增加思想的基本傳染數。
- 如果你覺得狀況是痛苦的，還一味忍受它，不但不會更堅強，很可能因此喪失能動性。
- 會感受到痛苦是很重要的，就好像有人燙傷不會痛，那很容易死亡，因為內部的警報器不作用了。
- 登出時的世界又比登入的時候好一點，這是很開心、幸福、快樂的，還有滿足感，是一種「good spirit」。

唐鳳教教我吧！

——人生商談室之眾生十問

「選每一邊站」，這句話在與唐鳳進行八次訪談中，幾乎每次都會提及，這是她思考脈絡與態度的基樁，背後更深層的意義在於透過傾聽、對話，進一步達到共識，產生行動與改變。

相對於「按站上車」直線人生的社會主流價值，唐鳳從小自學、十五歲創業、勇於性別欄上填寫「無」、最年輕的政務委員、第一位數位政務委員，這些標籤或許形塑了她不凡的樣貌，而為人樂道的是她將突破框架的人生經驗，轉化為利他分享。

訪談互動中，只要一談到永續發展、社會創新等與公共利益相關課題，她總是字字精準、耐心地詳細說明。關於個人生活，她也不吝於分享。在行政院政務委員辦公室的嚴肅氛圍中，不時瀰漫著她幽默對答的字眼。第一次進入辦公室，耳聞有個隱身內側、宛如密室的休息處，不免露出幾分好奇，她大方開門讓我們一窺究竟，當我們說：「啊！這已經不是秘密了。」她也開起玩笑回應：「登堂入室了！」

這是感性與理性並容的唐鳳。提及台日關係，她常以地震為例來談兩國在情懷上的共鳴處。日本著名人類文化學教授阿部健一的「關係價值」理論指出，人與人之間的關係有巨大的價值，連帶感是安心、安全的基磐，連帶感讓生命更豐盛。二〇一一年的三一一大地震後，這種人與人之間共感的連帶構造，更受到日本人的重視。儘管台日在空間上有大約三小時航程的距離，但兩地情感上的共感能拉近彼此心的距離。

日本出版社蒐羅來自不同年齡、性別、背景的十個問題，眾生百相，且看在「唐鳳商談室」如何開講人生。

眾生十問

問一：比起自己想做什麼，總是更在意別人怎麼看待自己，一直煩惱著：「這樣下去好嗎？」（二十五歲女性）

唐答：一直很在意別人評斷自己好或不好？如果意思是這樣，那麼我認為，在意別人的評斷是很正常的，如同在社會互動的情境中，對於自己感覺快樂的事情就應該多做一些，對於感覺不舒服的事情就應該少做點，意思是一樣的。我們將這些稱為「社會訊號」（social signal）。

如果完全感覺不到或完全忽略別人的感受，很容易成為反社會或無法融入社會的邊緣狀態，因此能夠感受到別人評斷你的行為好或不好，這是不錯的。但是我們常常會將自己投射到對方的框架裡面，這叫做「投射式的認同」。

就是說，對方其實只是要闡述你的行為對社會好或不好，或者令他舒不舒服的情況而已，可是我們有時候會內化成，我就是一個好人或壞人的判斷，就像當別人說我的行為讓人開心，那麼我就一定是個開心果，變成對自我人格一致性的認同，這幾乎是沒有什麼好處的。

因為每個人都有各種可能性，如果你認同自己就是這樣的人，等於將自己的未來可能性去掉了。每個人做的每件事、別人的評價，都是未來進行其他事情時可以參考的，但不要被其評價所綁住，變成認同別人口中那個你的樣子。這項原則對各年齡層的人都一體適用。

如何做到真正不在意別人的看法？可以多花一些時間進行跨文化活動。其實不管你身處哪個時區，只要參加正當的網路社群，並且融入其中，多參加幾個之後慢慢會發現，不管別人怎樣評斷你的行為，你的人格仍是獨立的，不會受到他人評價的干擾。

這有點像三角定位，至少要達到三個以上不同的文化觀點，才能夠顯現。像是參與維基百科的增加和修訂，或者參與獨立遊戲製作團隊的遊戲，例如戰棋遊戲「陷陣之志」（Into the Breach），玩家在隨機生成的八乘八地圖裡完成任務，背後的創作團隊是Subset Games，實際主設計師和寫程式者就幾個人而已，是一個非常小的團隊，主要靠群眾募資以及群策群力完成遊戲的製作。

藉由參與遊戲，你可以和他們相處，過程中貢獻自己對於角色、劇本等的想法。當你進入共同創作，就是一種維度的建立。更何況，有些遊戲就是共創的，共創是它的一部分，像「當個創世神」（Minecraft），彼此不一起共創還沒有辦法玩這個遊戲。

問二：我該如何找到自己想做的事情或者夢想呢？（**十九歲男性**）

唐答：主要還是要有足夠做夢的時間！

當然前提是睡足八小時，這個起手式最重要。這是很現實的，如果睡眠不足，日常壓力自然比較大，大腦中根本沒有給夢想的餘裕！一旦睡眠充足，我覺得在白天也要有做白日夢的時間。

這有點像是讓注意力停留在一個「遐想」（reverie），就是胡思亂想的狀態，像是一種懸浮的注意力。也就是說，並不是立刻要變現，不見得一定要創作出現實中看得見、摸得著的東西，但又不完全是睡著或無意識的狀態，而是介於兩者之間，一種隨手塗鴉、做什麼都可以的情境，就像一個小小孩在沙坑或遊樂場沒有特定目的遊玩。

每天約花半小時到一小時就夠了。如此一來，你會發現各種不同的人生經驗，原本並沒有一個共同的趨向能漸漸朝往夢想，而是在懸浮、玄冥的狀態中奇思妙想才可能冒出來。在這樣的情境中待久了，就變聰明了，就像有人專門七天去打坐，原理是一樣的，說不定從哪個塵埃裡就開出花來，產生各種不同的想法與作法。

很多人會認為沒時間或者工作很多，覺得不可能有遐想的空檔，但這有點像卡債不斷循環利息一樣。如果你現在睡不夠，白天自然很難集中精神，工作效率就不好，效率不好便要加班，因此又睡不夠，形成一個循環。

所以解決方法也類似債務清償方案。反正不管怎麼樣都做不完，要改的地方太多，那不妨就先停損，十點先去睡。慢慢你會發現，只要睡眠充足了，即使延到明天早上再做，也會比較有效率。當循環負債的情況改善了，就能開始有一天一個小時的遐想。會覺得一天一個小時的時間都沒有，常是因為追求短期效率，犧牲自己睡眠，而造成負債情況。

我很喜歡「deadline」（截止時間）從我旁邊擦身而過的聲音。

如果兩分鐘可以回覆的email就立刻回，根本不會有拖延問題；但如果需要時間好好思考的，那我也會延到下班後，一次好好看或思考完整。簡單說，其實是不分輕重，只分緩急，如果連緩急都不分，那確實會出現總拖延到截止時間，最後也都不處理了，當然就造成很大的精神壓力。對我來說，急的就立刻處理，緩的就緩處理，其實不太分輕重。

讓自己處在一個無重力的狀態下，某些東西自然會浮現出來。讓自己習慣處於那個狀態，而且不覺得是丟臉的事情，不去壓縮遐想。

問三：明明大家都知道彼此間不能有差別對待，為什麼仍會發生？我該怎麼解決呢？（二十三歲）

唐答：確實，大家會先問年齡、性別、住址等等訊息，這些標籤就類似通往捷徑的東西，可以省去脈絡開展的時間，如同填表格。於是，當開始揭露各種自我的訊息或標籤時，就好像陷入一套社會劇本中。而這個社會劇本不能說是完全錯誤的，畢竟建立在人與人互動的過程中，但因為僅取某些而忽略其他，所以就必須花上更多時間和機會成本，才能讓對方或另一端理解事情的完整面。

為什麼會演變成這樣？因為大家習慣循著捷徑思考和解決問題。簡單來講，就是遮蔽掉容易變成主要標籤的東西，運用只有你在用的詞句，好比如，防疫時我們對外說：「Taiwan can help」，事實上沒有其他人這麼說，它的辨識度就變得很高，是個人化而非標籤化。這個詮釋權在你自己以及你的共同使用者身上，而不是在出生之前就已經定義在身上的東西。

說到底，差別對待一般稱為「歧視」（discrimination），就是一群人給他人不適當的對待。人要花時間相處才可能因了解而更公平對待，但也不能因為一些標籤化而拒絕與他人相處，兩者太極端都是反社會的，中間會比較好。遮蔽一些標籤與資訊徹底透明並沒有衝突，如同我們的訪談，錄影之外是不會去寫來訪者的性別、年齡等常見的標籤。不要有差別，就不會有不同對待。

問四：貧窮問題從以前就存在至今，有沒有解決的方法呢？（三十五歲男性）

唐答：如果每年的耗費量都超過一個地球，到最後大家都貧窮，這是一個全球性的問題。如果是個人層次，一直處於貧窮狀態，自己想要跳脫，可以去接觸不同的生活狀態。在台灣，我們（公部門）在意通訊寬頻、學習和健康等基本權益，有整體社會安全網的支持，保障社會主義基本權的最後一哩路，才不會因為原生家庭功能不好而限制住想像力。先去拓展想像力，並找到成功脫貧的朋友，這是蠻重要的。

當然，這裡會有一個相對剝奪感的議題，從年輕人角度來看，好像上一代的人不用那麼努力就自動浮上去，現在則沒那麼快速，有世代間的相對落差。然而，在台灣，加上社會福利，年輕人的薪資是有增加的。

如果真的感受到階級落差，他自己的生命經驗與某些朋友不會有重疊處，可以透過彼此交流來改變。例如之前我去參加T大使的開幕，T大使就是將寫程式者聚集起來，變成在地中小型、微型社會創新組織內的人，他沒有辦法到企業見習數位轉型的過程，但因為能夠了解到他所服務對象的這些朋友，生命經驗就有了重疊。

如此一來，人才也不會過度集中，或者外流，而是設計成對流；也就是說，你不一定是程式設計本科系畢業，但是只要對數位轉型有興趣，還是可以協助家鄉的人翻轉地方。當然，國家會包辦半年受訓、實習還有薪水可領，就是希望人才重新回流、對流。

現在的年輕人是數位原生代，確實在地方進行數位轉型時可以提供幫助，而不是回鄉只能打零工。正因為是T大使，所以他也要學習，例如協助農業提升，與其他自己下田去數西瓜，或許他會想到利用無人機去偵測，來得更有效率。把彼此距離拉近，處在同一個語境或狀態下才能對話，就不會卡在個體與個體之間的競爭，因為不管怎麼競爭，上面總是還有競爭，永遠不會停止！

我既不富裕，但也沒有匱乏過，自己創業時有很長一段時間，一個月大概也就二萬元收入，還要付房租。基本上，在生活食衣住行方面，我的要求並不高。一餐花費約五十到七十元之間，我就將菜單上這個價位的餐點輪流點一遍，重複吃也覺得過得很好。沒有貧窮的感覺，因為我不會跟人比啊！

也可以說，當時我對自由軟體開發原始碼非常有興趣，所以大部分精神都投入在共同創作裡面，我根本沒有空比較，忙起來不吃東西、沒有飢餓感是常有的事情。所以，只要沒有被剝奪感，也不會有貧窮感，少了蒼白的代償感，多的是實在的精神體驗。

問五：追求進步的過程中，環境問題與社會發展該如何取得平衡？（四十二歲男性）

唐答：我想所謂的社會發展，不外乎就是大家對於公平、正義、人權或民主制度等的追求。這些追求一定會消耗環境資源嗎？顯然不會啊！簡單來講，社會發展有賴環境支援，但如果為了這代的社會正義、民主，破壞掉下一代的生存環境，那這代所爭取到的人權、民主等於是沒有意義的，因為促進社會發展主要目的在於：我們登出時的社會狀況比登入時好。如果現在抽掉這個底層的東西，就是揠苗助長，所以我常常說時間尺度要放得夠長，不一定要歷經七代，三代就好了。

在我的詞彙裡面，產業發展和社會發展是兩條線。產業發展（企業發展犧牲環境以求得經濟效益）是飛機右翼，社會發展是飛機左翼，左右翼當然要平衡。前面我只是從社會發展來看，與環境比較容易契合，時間拉到三代能達到平衡；如果從產業發展角度來看，確實要花上七代時間，兩者才會重合。

外部成本是大家在負擔，對於後代來說沒有急切感，不知不覺造成環境消耗。現在其實已經算進步了，有些能貨幣化的部分，特別是汙染問題，也已經內部化差不多了。當然有些難以貨幣化只能量化，或難以量化只能質化，這個部分還在討論，好比說碳交易就是一個很好例子，剛剛好也快要進入可以貨幣化的進程。尚有許多東西無法貨幣化或量化的，就需要社會創新，也因此有公司治理3.0永續版出現，都是試著要將外部成本內部化。

問六：我迷失了活著的目的，人到底為何而活著？（三十二歲女性）

唐答：人活著就是為了要迷失，為了要跟迷惘相處，妳已經找到活著的意義！首先，恭喜妳，找到生命的意義。其實「迷失」這件事是自然的，我們在生命當中本來會誤以為生命有目的，但總是到了某個情況，就只剩下迷惑。有些人稱它為神秘，一個沒有特定目的狀況。其實到了這樣的狀況，生命才開始出現它本身的意義，而不是被在你出生之前就已經可能過世的人講的話所框定的意義。

我想這是任何有原創性想法的人，大概都有過的體驗。因為進入這樣迷失或迷惑的狀況時，你才是你自己，而不是被定義的那些標籤！所以我才說恭喜妳。這樣的問題，在我之前的一場演講中，真的也有觀眾當場提出。我就是這麼回答，那位觀眾長期受憂鬱症困擾，好不容易鼓起勇氣參加演講，聽完後覺得很感動，回去還在自己臉書上分享。

當時，我對她說：「對我來講，人生的意義就是跟迷惘相處。」

問七：ＩＴ或ＡＩ的演進，將會迫使人類不工作的時代來臨嗎？這樣的演進會帶來什麼影響？

唐答：其實不是不工作，而是可以挑工作做。簡單來講，我們覺得有意義的工作是可以一起創造意義的工作，即使沒有薪水我也願意去做。確實，有些工作沒有什麼創造性、互動，就是異化的部分，當然可以交給機器來做。

這時候要怎麼挑工作做呢？就要問你自己啊！什麼對你是有意義的。好比有些人喜歡結伴爬山，現在就算有個機器人，只要你按個鍵，他瞬間登頂、拍照打卡，但那就沒什麼意義了。因為目的不是在山頂上拍照打卡，而是爬山過程中，人與人交流累積情感。其實，只要看看那些所謂財務自由的朋友，他們並不是懶在家裡不做事了，而是做的工作都是他的愛好。

問八：從小時候開始，我的戀愛對象就是同性，但是沒勇氣告訴家人或朋友，我該怎麼辦？（十四歲女性）

唐答：我會建議，如果覺得不想要告訴家人，或許可以先像我一樣在網路上或者在現實生活中找有過類似經驗的朋友，在不用揭露自己性傾向的情況下，先了解其他人是怎麼面對以及如何互相支持的。

若在地理環境上，有距離較近、類似出櫃經驗的朋友，可以從當地的社會脈絡來判斷要採取怎樣的策略。線上也有一些遊戲，透過互動方式來模擬出櫃過程。以台灣為例，在自己不需要出櫃的情況下，可以先透過像同志諮詢熱線或相關社群來堅定自己的戰術跟戰略。

問九：討厭讀書所以學校成績一直不好，我該怎麼辦？（十六歲男性）

唐答：那就不要讀書啊！看看想要做什麼？因為獲取知識的方法並不一定要透過文字，很多人反而更看得懂繪本，或者很會玩模擬遊戲。這就是多元智能的概念。好比你對某個主題有興趣，只是透過不同教法或不同媒材來學習，總有一種是比較喜歡的，不一定要執著於文字的形式。

問十：我在學校被排擠罷凌了，該怎麼辦？（十一歲女性）

唐答：可以像我一樣休學，然後想一想別人排擠自己，到底是別人出了什麼狀況。這樣子就不會太過於責怪自己，從結構上去思考會是最好的方式。十一歲快到國中階段，說不定中間休息一下再繼續念，也是不錯的選擇。

如果不想休學，可以尋找能夠支持自己的人，其實有三、五個支持者就夠了。若僅限於班上二十個人，能夠找尋的範圍小，但可以是別的人際圈，不用到六度（編按：源於一九六〇年代哈佛心理學家史丹利·米爾格蘭〔Stanley Milgram〕的一次實驗，後被稱為「六度分隔理論」〔Six Degrees of Separation〕），兩度就夠了，包含家人、輔導老師或者朋友的朋友、喜歡的社群等，這樣相對容易多了。

會不會因此容易被不好的團體或事物吸收或吸引？我想主要還是不要做不可逆的事情。有些人聽音樂也會產生非常像吸毒的狀態，但事實上是比較可逆的，只是我們完全從神經化學角度來看其耐受性，才不太去談論。所以，不要對別人說：不准打電動。因為如果真的不准打電動，說不定他真的就去吸毒或者加入幫派。

如果是罷凌情況，最主要的考慮是：所處（霸凌）環境是否讓人覺得已經超出自己的負荷？就像訓練肌肉張力一樣，不只是鍛鍊肌肉的問題而已，因為一般情況下可以培養韌性、彈性或強度，但是萬一超過自己能負荷的程度而導致拉傷，或者造成不舒服的感覺且不可恢復，這就變成創傷。一旦發生創傷，以後就要花更多時間，而且絕對比現在休學更久才能復原。所以如果真的已經相當嚴重，確實稍微保持距離是比較好的解決方案。

不能休學也無法轉學，各種可能性都失去了，或許就要找警察協助。前面我說先休學，不代表就不上學了，只是換個角度來看，讓暑假或寒假變長一點而已。重點是，自己如果能整理出：原來被罷凌不是我的問題，而是他們的問題，而且也不一定是罷凌者的問題，可能是社會或學校結構的問題。

自己有了整體想法後再回學校，精神和思想上比較不會受到影響或威脅，但如果沒有辦法整理到上述的程度，可能需要專業心理輔導或諮商師的協助。若硬要回到學校，事後一定會付出更多代價。如果整理功夫沒那麼強，可以到圖書館或輔導室借閱本書，發現這裡介紹的原則與方法後，進一步向輔導老師諮詢。

同場加映——濾鏡外的唐鳳

「我一直保持著好奇心。」這是唐鳳談論公共利益、思想到行動，或者分享閱讀書籍涉獵之廣的進行式，給予我印象深刻的回答。答案不算出人意表，可是要對所有事情時刻都抱持如此狀態，可見已經形成一種內在的從容。

對眾人而言，從小迥異他人的「成長戰爭」；逼近不惑之年時出任台灣最年輕政務委員；在新冠疫情戰役中將資訊最大化、便利化，讓民眾免於病毒恐懼；亦或是當疫情嚴峻時，即刻協同公、私部門，僅花三天推出「五秒簡訊實聯制」便利於民等等，唐鳳種種的「反轉」，造就生命經歷的不凡軌跡，成為她獨一無二的樣貌。與其說，她是數位大臣、她是天才，不如說，她體恤人心，從人性出發去建構抵抗不可知外力的底氣。

儘管如同她所主張的透明性，從學習、工作到部分選擇，幾乎公諸眾人之前，也可以說，從嚴肅的課題到各種文宣哏圖，形成了一股「無處不唐鳳」的現象。再更多的形容詞也只是聊備一格。

作家威廉・喬登（William George Jordan）曾經說：「人性可善可惡，冥冥中影響著我們的一生，而且總是如實反映出真正的自我，那是偽裝不來的。」好奇的唐鳳，也讓我們更進一步好奇她少了濾鏡下的「平凡」。

她活出了自己的軌跡——「我欣賞，但我不一定要去附和他！」

十五個關鍵詞，詮釋了唐鳳的主張、價值觀和理念，而她豐富且多元的內在，與成長背景、家庭教育息息相關，訪談中未能自成一章的「遺珠」，並非憾事，卻讓我們遇到靈動唐鳳的一面。如下：

妳有崇拜者嗎？如果有，那崇拜者是誰？

唐答：從世界性的角度來看，孫中山先生提出來的一些想法，我覺得到現在都還是很有啟發性。我也是維根斯坦的信徒。

好像很喜歡藍色？為什麼？

唐答：對，深藍色。以聯合國永續發展目標（SDGs）來講，深藍色的意義是達到共同目標的夥伴關係（Partnerships for the Goals）；開放政府是中等藍色，稍微淺藍一點。我最常用SDGs第十六、十七項的代表顏色，這兩個大概是我目前最專注的，再淺一點就是海洋生態與節省水資源的顏色。

身為實驗教育的初代者，對於一〇八新課綱看法？

唐答：當初我們在擬新課綱時，就理解到大概要花三年時間，讓大家慢慢習慣。現在新課綱學習歷程的應用，其實還沒有發生，所以大家腦裡面有很多不確定性。新課綱的素養導向升學背後意義在於，我們希望最後是學生和大學雙向的面試，應該是學生和大學ＰＫ後（意旨雙方對談，如學測後的面談）再去念；如果不想要念大學，學生的自由也應該是有價值的。

有沒有失眠問題？會做夢嗎？

唐答：完全沒有！偶爾會，如果是在（睡到）一半被打斷時，就會記得有做夢。如果是睡到自然醒，大概都不會記得做什麼夢，我一週裡有六天、七天是自然醒，所以平時是不會記得夢的（內容）。

學習源頭從什麼開始？有無閱讀策略？

唐答：大約起於一九九四、一九九五年，我開始認真閱讀英文經典作品，多是古騰堡計畫的著作，最經典的知識庫，沒有著作權的公版書，可以被翻譯、自由轉換成各種格式，任何人都能從中學習。

可以說，如果沒有古騰堡計畫，我不會有閱讀經典的底子。當時我的英文閱讀速度並不快，也不是很好，必須要慢慢看；也不一定有中譯版，或是翻譯加了一些解釋訊息，這是很常見的情況。但我能以自己的速度，而且不用付任何費用，閱讀這些知識。這也是支持我不需要去學校，就能完成研究計畫的重要原因。

我看經典的時間比較多，因為覺得閱讀經典單位時間吸收到的資訊比較多，知識密度高。就好像同樣是口袋，你放一張大鈔可以折算成很多小鈔，但是如果你放的是小鈔，就需要累積很多張才會是一樣的金額，而且口袋會裝得很滿。

一本經典用很少的文字就講得很清楚，如果我們要展開所蘊含的資訊，可能要花十倍、一百倍的篇幅才展得開，所以我只要將這些經典的語言結構記清楚，工作需要時，再將其開展，感覺有點像是可加水還原的濃縮食品。

對我來講，並不是為了大量閱讀而閱讀，而是因為有一些研究工作想要做，有一些想要回答的問題，有些好奇心和對未知的課題，我想要帶到這個世界來，所以才閱讀。這是比較工具性的部分。

如果我讀小說，腦裡是會發出聲音的，絕對不會快速掃描，不然就破壞看小說的意義了。但是非小說類、知識性的典籍，從經典先看再看延伸作品，就是因為我急著解決問題，而我能夠閱讀的時間有限，不如就找看了馬上可以用的、可以練習的，就是學而時習之。

對我來講，如果沒有一個專案，沒有一個想要解決的問題，或想要了解的事情，就沒有學習動機。我沒有辦法為了要考試一百分而去念書！

對於一般人參與永續發展目標，跨出第一步練習的建議是什麼？

唐答：多用環保餐具，出門的時候不要買新的寶特瓶，去找附近的注水站，在台灣的話那個APP叫「奉茶」（飲水共享地圖）。每個人可以先用自己的方法去接近永續，不需要從我的角度，永續講穿了就是：你登出的世界希望比你登入時好。應該很少有人會反對這一點。

妳是一個理性還是感性的人？

唐答：當然都是，鳥都有雙翼啊！如果單純只有理性而沒有辦法有同感，或單只有同感，那就容易被情緒帶著走，只有一隻翅膀的鳥，飛出去就掉下去了。

我聽一件事情的當下狀態是反映對話者的，包括對方講話的速度、腔調等等，都會跟對方協同，這個部分我想我是感性的，一定不是我預先謀劃好，當下是怎麼樣就怎麼樣的。

可是，我講話也如同妳的觀察，很容易在腦裡就有一個很完整的結構。我只是把這個結構循序漸進講出來而已，那也是真的，所以這兩者互相支撐，不是一邊蓋掉另外一邊。因為我若要跟妳溝通，我是將我腦裡結構如實重現，同時也要在腦裡重現妳的實際狀態，如果兩者缺一，就是一廂情願；如果只有理性部分，其實也沒辦法達成溝通。

妳看什麼樣的漫畫？聽什麼樣的音樂？

唐答：我學到什麼，我就趕快試試看，「學而時習之，不亦樂乎！」平常消遣娛樂是什麼？學習！我也會看漫畫，xkcd是最常看的，每週的一、三、五才更新，所以每兩天看。聽音樂就看心情，最喜歡聽的還是饒舌。最近常唱的歌是羅大佑的〈現象七十二變〉。

對妳來說，閒聊與對話的差別？

唐答：其實對我來講，閒聊本來就會產生意義，像我們在這裡（政務委員辦公室），任何來的人可以帶著不同的目的，但我最後一定會講到永續發展，講到公共利益，因為我看事情的角度是這樣的。一方面，我的脈絡是統一的；二方面，我的價值是很穩定的。並不難練習，把自己當成八十歲的老頭，每天都當作是最後一天，這樣就很容易。

唐鳳也是「英文菜菜子」？怎麼學英語的？

唐答：因為有AI的關係，自動翻譯已經是非常容易了，如果你對外語有興趣，也有許多學習社群。我覺得重點還是要找到用不同文化角度看世界的志同道合的夥伴，就好像我不會建議誰去學哪一種程式語言，而是你想要探索哪一個學門，或者是哪一方面的問題，或某一個永續發展目標。

我一直覺得，語言學習如果沒有實際運用的範例或場合，其實是學不太會而且記不久的。我非常晚才學英語，大概十四、十五歲才開始。因為在網路聊天室裡，大家整天用英語聊天。你需要進入一個文化脈絡時，自然就會學所需的語言。

妳對於女力和女權的看法和觀察？

唐答：在台灣十年前後的差異，最大就是性別主流化的推動。也因此，整個公務體系在做每一個決策的時候，不管是編一筆中長期企劃的預算，或者是要通過一個法律的草案，都必需要透過性平會，而且裡面超過一半是民間的朋友。剛開始時跟性別一點關係都沒有，但後來歷經約十多年的潛移默化，會發現慢慢內化成一種概念，而非不友善的角度。

量化帶動質變，當社會有相關議題討論時，大家是往前進而不是往回退，因為已經形成廣泛的認同。這也展現出不一定總是要透過抗爭的方法，也不是完全監督，而是我行我來，開門造車。其實性平處都是類似領頭羊的角色，現在一旦某個部會不知道該怎麼跟民間共創，我們就會建議去看性平處，性平處是開放政府的翹楚。

當然所謂男性或女性領導力，首先是放在一個文化脈絡裡面，如果在阿美族，男性領導力或女性領導力，兩者的意思絕對跟一般漢人的狀態不一樣，因為是母權社會。所以，我覺得並沒有放諸四海而皆準，所謂男性領導力或女性領導力，這些都是在特定文化架構裡面才存在的東西。

對我來講，並不覺得有一半的人跟我不一樣，所以在我腦裡有非常多種領導風格，這些風格如果都能夠展演的話，遇到事情時，彼此就有很好的溝通介面，這才是比較重要的。與其說男性的領導力或女性的領導力，不如說是人性的領導力啊！

〈跋〉
未來透過我們而來臨

這是一個跨年際的訪談。

於我而言，並非原本的設想，卻踏上了意外之旅。從事前規劃、訪談到即將付梓成冊，歷經了溽夏到近十年最嚴峻的寒流，跨越了百年一遇的全球新冠病毒疫情到疫苗問世，還從二〇二〇年過渡到二〇二一年兩個年份。

更大的挑戰是，每次訪談內容即時上線，也就是我還需要跟時間競速，接受螢幕前觀眾或聽眾的「審閱」。

二〇二〇年十一月九日，首次訪談，時間一到只見身高一八〇公分的唐鳳，從政務委員辦公室書櫃旁的小隔間走了出來，當時正在整理採訪工具、背對的我還因她突然現身嚇了一跳，然而這「驚嚇」轉瞬間也稀釋了初登場的陌生感。

囿於唐鳳身上過多的被詮釋，對於從事多年媒體工作、帶著好奇心的我來說，不免帶著一股迷惑而想去「解惑」，可是經過八次對話，一次次對著訪談內容沉澱下來的我，是選擇用「簡單」兩字來做最後篇章、亦是這段「旅程」裡對唐鳳的註解。

怎麼說呢？她很聰明，不管我問什麼問題，即便是涉及她最喜歡的食物，或者她是否有信仰等等天馬行空的疑惑，唐鳳的回覆不是非黑即白，而是說：「我相信信仰的力量。」她總是可以回到所要表述的主張，或者用她自己的方式「選每一邊站」。也就是說，她的思想體系已經內外自成一格。

而且她很幽默，工作因每天需要送往迎來各國媒體、社會各階層的人物，及各式各樣「以唐鳳之名」的事務，面對於此，我看見的唐鳳所開啟的模式是：自黑、自我調侃，例如訪談前的閒話家常，她會分享當天的行程：「我今天去參加活動，他們為我做一個公仔，因為我的頭很大，適合做公仔，還是三頭身的。」令人莞爾。

要不她就是笑笑不說話以對，而唐鳳也自忖：「我不是不在意，就是去欣賞它。」這若不是已經進到老僧入定的狀態，就是如訪談時的玩笑話：她的生命以倍數成長，所以現今不惑之年的她，體內或許已經是八十歲的老靈魂了。孟子曾曰：「大人者，不失其赤子之心者也。」我在唐鳳這裡看見佐證，她身上宛若隱藏了一顆於大人軀殼中赤子之心。

然而，令我印象最深刻，無非是第五次訪談之末。那天是一場長達三小時思想的討論，又處於傍晚時刻，面對思緒縝密的唐鳳，我精神自然需十分集中。玩味的是，問及她所喜歡的歌曲，我一時興起提到了以針砭時事教育為創作內容的歌手蔡藍欽成名曲〈我的世界〉，不知不覺談到了羅大佑的〈現象七十二變〉，唐鳳還唱了起來，原本文字密度緊湊的空間頓時有了音符，結束時她還笑著說：「今天這樣的結尾很好。」一迥異過去幾次的行禮如儀。

坦承自己是哲學家維根斯坦信徒的她，堅信語言的嚴謹性，看似築起了一道橫在眼前的無形壁壘，可是仔細回想每一次對話與互動會發現，正因為她的「簡單」，所以她無堅不摧。

也因為對話，讓我們的距離，從陌生慢慢拉近，一步步從語言脈絡交流到共情、共識，進而理解她所要傳達的主張。思想上醍醐灌頂的酣暢淋漓，對一位主筆撰文者而言是一種精神上的愉悅滿足；而她是思索者，也是行動者，偶爾不經意地流露出原有的幽默與不羈。

不管我怎麼問，最終都回到她所關心的永續發展課題上，久了，我甚至問出一個問題：「妳是不是從宇宙來思考事情，而不僅著眼於地球？」當然，這是一道腦補題。到了訪談中段時刻，一度覺得撞牆，但當我在晨光熹微，伏案埋首於文字中，一次又一次咀嚼唐鳳所表達的語言時，愈有一種「頭在天，腳著地」之感。

她的始終如一也表現在行動上。一身黑褲加上深藍色外套內搭白襯衫，是唐鳳一貫的打扮。她對於口腹之慾並不強烈，唐鳳說自己可以連續一週都吃一樣的食物，問及喜歡的食物，她的答案是：「碳水化合物、蛋白質跟脂質。」言簡意賅卻好像有種她來自另一個時空之感。

可是，一提到她所關心的課題和公共議題等思想討論，儘管我的問題重複再重複，不見她臉起慍色，而是如同傳教般，不厭其煩地解釋再解釋。有時候，希望能更接地氣一點，她也不會拒絕回答。有次訪談超過員工下班時間，一結束才發現僅剩她和我們，錄影機還是她自己關的。

要跟高轉速的唐鳳同頻率是需要時間打磨的。

最後一次訪談，二〇二一年一月十一日，週一上午八點半，行政院門口上班人群川流不息。走進唐鳳辦公室，她已經好整以暇在辦公及等待。問及八次訪談後的感想，唐鳳回答：「我覺得八次下來，確實我們的同調率、同步率變得相當的高，這已經到達了一種妳去引導我們每次講的問題，然後有時又可以回到之前討論的情境。所以這個素材真的是可以共用的，是一個共創的狀況、共寫的感覺，而比較不是單方面講一句，然後另一邊編輯。」

她進一步闡述：「這一次也用影像將它（訪談）留下來，會有很多分源訊息，多了字跟字之間的停頓，有時候會有好像絞盡腦汁的感覺，就是當一個概念過於豐富，現有的語言好像不太夠用，要繞幾圈才找得出字眼來描寫，所以光看文字記錄的話可能遺失上下句之間串接十秒鐘的表達。說的很順比較容易討論，看的人也可以再次創作。」儘管到了最後一次，唐鳳想的還是未來人的幸福與美好，因為在她心中始終認為：「未來透過我們而來臨。」

我不需「解惑」，因為答案早在那裡。

黃亞琪寫於二〇二一年一月

國家圖書館出版品預行編目資料

唐鳳十五個關鍵詞 / 唐鳳口述 ; 黃亞琪主筆. -- 初版. -- 臺北市 : 商周出版, 城邦文化事業股份有限公司出版 : 英屬蓋曼群島商家庭傳媒股份有限公司城邦分公司發行, 2021.06
面； 公分
ISBN 978-986-477-988-8（平裝）

1.唐鳳 2.自傳 3.臺灣

783.3886 110000513

唐鳳十五個關鍵詞

口　　　述／唐鳳
主　　　筆／黃亞琪
責任編輯／程鳳儀

版　　　權／黃淑敏、吳亭儀
行銷業務／林秀津、劉治良
總　編　輯／程鳳儀
總　經　理／彭之琬
事業群總經理／黃淑貞
發　行　人／何飛鵬
法律顧問／元禾法律事務所　王子文律師
出　　　版／商周出版
城邦文化事業股份有限公司
臺北市中山區民生東路二段141號9樓
電話：(02) 2500-7008　傳真：(02) 2500-7759
E-mail：bwp.service@cite.com.tw
發　　　行／英屬蓋曼群島商家庭傳媒股份有限公司城邦分公司
臺北市中山區民生東路二段141號2樓
書虫客服服務專線：(02)2500-7718・(02)2500-7719
服務時間：週一至週五上午09:30-12:00・下午13:30-17:00
24小時傳真專線：(02)2500-1990・(02)2500-1991
劃撥帳號：19863813　戶名：書虫股份有限公司
讀者服務信箱E-mail：service@readingclub.com.tw
歡迎光臨城邦讀書花園　網址：www.cite.com.tw
香港發行所／城邦（香港）出版集團有限公司
香港灣仔駱克道193號東超商業中心1樓
電話：(852) 2508-6231　傳真：(852) 2578-9337
E-mail：hkcite@biznetvigator.com
馬新發行所／城邦（馬新）出版集團【Cité (M) Sdn. Bhd.】
41, Jalan Radin Anum, Bandar Baru Sri Petaling,
57000 Kuala Lumpur, Malaysia.
電話：(603) 9057-8822　傳真：(603) 9057-6622
E-mail：cite@cite.com.my

封面圖片／Openbook 閱讀誌，攝影師KRIS KANG及洋蔥設計
封面設計／徐璽工作室
電腦排版／旭豐數位排版有限公司
印　　　刷／韋懋實事業有限公司
經　銷　商／聯合發行股份有限公司　電話：(02)2917-8022　傳真：(02)2911-0053
地址：新北市新店區寶橋路235巷6弄6號2樓

■ 2021年 06 月 01 日 初版　　Printed in Taiwan
定價／420元

城邦讀書花園
www.cite.com.tw

 ISBN 978-986-477-988-8

商周出版

廣　告　回　函
北區郵政管理登記證
北臺字第000791號
郵資已付，免貼郵票

104　台北市民生東路二段141號2樓

英屬蓋曼群島商家庭傳媒股份有限公司城邦分公司　收

請沿虛線對摺，謝謝！

商周出版

書號：BH6079　書名：唐鳳15個關鍵詞　編碼：

請於此處用膠水黏貼

商周出版

讀者回函卡

感謝您購買我們出版的書籍！請費心填寫此回函卡，我們將不定期寄上城邦集團最新的出版訊息。

不定期好禮相贈！
立即加入：商周出版
Facebook 粉絲團

姓名：______________________ 性別：☐男 ☐女

生日：西元__________年__________月__________日

地址：______________________

聯絡電話：______________ 傳真：______________

E-mail ：

學歷：☐ 1. 小學 ☐ 2. 國中 ☐ 3. 高中 ☐ 4. 大學 ☐ 5. 研究所以上

職業：☐ 1. 學生 ☐ 2. 軍公教 ☐ 3. 服務 ☐ 4. 金融 ☐ 5. 製造 ☐ 6. 資訊
☐ 7. 傳播 ☐ 8. 自由業 ☐ 9. 農漁牧 ☐ 10. 家管 ☐ 11. 退休
☐ 12. 其他______________

您從何種方式得知本書消息？

☐ 1. 書店 ☐ 2. 網路 ☐ 3. 報紙 ☐ 4. 雜誌 ☐ 5. 廣播 ☐ 6. 電視
☐ 7. 親友推薦 ☐ 8. 其他______________

您通常以何種方式購書？

☐ 1. 書店 ☐ 2. 網路 ☐ 3. 傳真訂購 ☐ 4. 郵局劃撥 ☐ 5. 其他______

您喜歡閱讀那些類別的書籍？

☐ 1. 財經商業 ☐ 2. 自然科學 ☐ 3. 歷史 ☐ 4. 法律 ☐ 5. 文學
☐ 6. 休閒旅遊 ☐ 7. 小說 ☐ 8. 人物傳記 ☐ 9. 生活、勵志 ☐ 10. 其他

對我們的建議：______________________

【為提供訂購、行銷、客戶管理或其他合於營業登記項目或章程所定業務之目的，城邦出版人集團（即英屬蓋曼群島商家庭傳媒（股）公司城邦分公司、城邦文化事業（股）公司），於本集團之營運期間及地區內，將以電郵、傳真、電話、簡訊、郵寄或其他公告方式利用您提供之資料（資料類別：C001、C002、C003、C011 等）。利用對象除本集團外，亦可能包括相關服務的協力機構。如您有依個資法第三條或其他需服務之處，得致電本公司客服中心電話 02-25007718 請求協助。相關資料如為非必要項目，不提供亦不影響您的權益。】

1.C001 辨識個人者：如消費者之姓名、地址、電話、電子郵件等資訊。
2.C002 辨識財務者：如信用卡或轉帳帳戶資訊。
3.C003 政府資料中之辨識者：如身分證字號或護照號碼（外國人）。
4.C011 個人描述：如性別、國籍、出生年月日。

請於此處用膠水黏貼